PUHUA BOOKS

我
们

一

起

解

决

问

题

从调查研究
到调研报告

如何成为调研报告写作高手

刘哲 著

人民邮电出版社

北　京

图书在版编目（CIP）数据

从调查研究到调研报告 : 如何成为调研报告写作高手 / 刘哲著. -- 北京 : 人民邮电出版社, 2024.3
ISBN 978-7-115-63410-8

Ⅰ. ①从… Ⅱ. ①刘… Ⅲ. ①调查报告－写作 Ⅳ.
①H152.3

中国国家版本馆CIP数据核字(2024)第000344号

内 容 提 要

调查研究是做好各项工作的基本功。坐在办公室里都是问题，下去调研全是办法。做好调查研究，写好调研报告，可以为各行各业做好工作打下坚实的基础。本书分为两篇，共八章。上篇以"要做行动派——如何搞好调查研究"为主题，主要探讨调查研究的实操原理和调研技巧，下篇以"结出好果实——如何写好调研报告"为主题，主要探讨调研报告的撰写方法和成果运用，从而形成从实践到认识再到实践的闭环。本书力求通过对调查研究全流程的"手把手"教学和高质量调研报告写作经验的介绍，帮助读者充分发挥调查研究对谋划工作、科学决策的辅助作用。

本书可作为广大党政干部、企事业单位人员、高校学生等人群学习调研报告写作的案头之书。

◆ 著 刘 哲
责任编辑 谢 明 陈斯雯
责任印制 彭志环

◆ 人民邮电出版社出版发行　北京市丰台区成寿寺路 11 号
邮编 100164　电子邮件 315@ptpress.com.cn
网址 https://www.ptpress.com.cn
北京天宇星印刷厂印刷

◆ 开本：880×1230　1/32
印张：10.5　　　　　　　2024 年 3 月第 1 版
字数：150 千字　　　　　2025 年 7 月北京第 6 次印刷

定　价：69.80 元
读者服务热线：（010）81055656　印装质量热线：（010）81055316
反盗版热线：（010）81055315

推荐语

调查研究既是了解实际情况的重要途径，也是科学决策的信息基础，必须采用科学的工作方法。切实搞好调查研究并准确做出调研报告，是前后相继的重要环节，对科学决策具有先导性的影响。期待读者能从本书中获得一些可贵的启示。

——中国法学会副会长、教授　卓泽渊

调查研究是实事求是的基础，没有科学、深入、全面、系统的调查研究就掌握不到足够的实事，求是就无从谈起。我的同事刘哲同志在工作之余笔耕不辍撰写的这本关于调查研究的专著是坚持实事求是的新时代探索，对求实求是的读者具有很高的参考价值。

——中央党校（国家行政学院）研究员、一级巡视员、
国家社科基金评委　牛献忠

物有甘苦，尝之者识；道有夷险，履之者知。这本书指引各级干部把"传家宝"转化为"砺金石"，指导各级干部用调查研究

的方法论把"基层视野"打开，用调研报告的真见解给"人民至上"增色。

　　　　　　　　　——人民日报数字传播公司副总经理　柴哲彬

前　言

　　调查研究是一项基础性的工作，关系到个人的成长进步和社会的发展变迁。在校学生需要通过调查研究了解社会状况，企业员工需要通过调查研究了解市场需求，党政干部需要通过调查研究了解工作实情……

　　调查研究是谋事之基、成事之道。本书的出发点是认真贯彻调查研究工作的有关要求，通过理论与实践相结合，收集资料，了解信息，结合实际，为广大党政干部、企事业单位人员、高校学生等人群的调查研究工作略尽绵薄之力。

　　本书分为两篇，共八章，上篇以"要做行动派——如何搞好调查研究"为主题，主要探讨调查研究的实操原理和调查研究过程中的技巧，下篇以"结出好果实——如何写好调研报告"为主题，主要探讨调研报告的实际撰写和成果运用，形成从实践到认识再到实践的闭环。本书具有以下几个特点。

　　第一，接地气。本书不同于高校教材或学术论著，主要面向不太熟悉调查研究方法及调研报告写法的初学者。本书语言文字力求通俗易懂，尽量用简短的篇幅将概念、流程、办法说清楚，说明白。本书不追求理论高深，不使用晦涩的专业词汇，而是注意吸收相关领域专家和学者的学术成果，并进行通俗化的解释，力争做到有理有据。

第二，有新意。 本书在收集资料的基础上，力求用典型的、优秀的实践材料和新近的、前沿的报告文稿来充实内容，解释原理。书中提及的一些调研话题，紧跟近年来的政策理论和社会热点，希望能引起读者对社会现实的关注。书中还针对调研方案、调研目的、段落布局等内容总结出一些写作框架或模板，供读者在写作中参考。书中"范文解析"部分引用的调研报告大都来自中央部委等单位的最新调研文稿，内容权威，质量较高，值得借鉴。

第三，配案例。 本书每一节都配备若干案例。有的案例是重要领导人的调研事迹和调研文献，有的案例用来解释概念、原则、办法、流程，有的案例是作者结合工作经验和所见所想原创的工作场景，还有的案例是引用优秀的调研报告进行解析。希望通过这些鲜活的、多样的案例，本书能够让读者更容易了解调研工作，逐渐学会撰写调研报告，为学习和工作助力。

第四，常互动。 本书专门设计了"小课堂"，通过师生互动、角色问答、交流研讨等形式，引起读者的兴趣和思考。每篇"小课堂"言简意赅，对核心知识进行简要介绍，既可以独立阅读，也有利于学习章节正文内容。

希望本书能够帮助读者尽快融入角色，争取当好领导和同事的参谋或助手，当好良师益友的得力干将，当好干事创业的攻坚力量。

刘　哲

2023 年 11 月于北京

本书登场人物及背景介绍

登场人物 1：刘老师

一位身穿夹克衫的中年干部，两鬓微微有几根白发。作为调研一组的组长，他在政府部门工作十余年，参与过指导组调研、机关公文撰写、重大会议筹办、应急值班等多项工作，办文办事办会经验丰富，愿意和同事分享自己的心得体会和工作经验。他对工作要求严格，对待同事和下属却总是关心备至，给人一种严谨中带着亲切的感觉。

登场人物 2：大布

一位留着短发、富有活力的年轻人。他穿着简约的衬衫，展现出一种自信、洒脱的气质。他在政府部门工作了四年，政策理论水平比较高，业务能力也很强。尽管他年纪轻轻，但已经在政策研究领域崭露头角，是领导的得力助手。

登场人物 3：小新

一位略显青涩、充满朝气的年轻人，有着利落的短发和明亮的眼睛。他刚入职不久，政策理论不是特别熟悉，业务水平还有待提高。他虽然经验尚浅，但对工作充满热情，总是努力寻求进步。

东郊市政府为了促进经济社会高质量发展，提高政府效能，决定开展全年性的调研活动，为此专门成立了调研领导小组，下设四个调研组。

一个阳光明媚的早晨，在政府大楼中的一间宽敞明亮的办公室内，调研一组的成员们聚在一起。这个小组由三位成员组成，分别是刘老师、大布和小新。

"大家早上好！欢迎加入调研一组。"刘老师一边整理着资料，一边热情地跟大布和小新打招呼。

大布笑着回应："刘老师早，以后请您多指教。"

小新则是满脸羞涩地说："早上好，刘老师，大布哥。我会好好学习请教，争取不拖大家的后腿。"

刘老师微笑着鼓励道："小新，相信你一定会有所成长的。好了，我们先来开个短会。这次全年调研活动，我和你们两位一起组成了调研一组，以后大家在一起共事，互帮互学，有任何问题都可以随时找我。"

大布点头回应："明白，刘老师。"

小新紧张地说："刘老师，如果有不懂的地方，我一定请教您和大布哥。"

刘老师点了点头，接着说："我们在一起工作的时间会比较长，那我们就一步一个脚印，从调研的理论开始了解，再一起撰写调研报告，最后形成决策成果，大家一起努力。"

大布、小新齐声说道："明白。"

刘老师最后说："之后我们每周召开一次工作例会，主要目的是推进工作，学习经验，促进提升。"

Contents 目　录

上篇

要做行动派——如何搞好调查研究

第一章　揭开调研的面纱

本章着重介绍调研的概念、原则和作用。通过介绍，读者可以了解调研的重要内涵，把握好调研的原则和要求，从而更好地了解社会现实，发现问题隐患，及时解决困难。

第一节　讲本质：揭开调研的真面目

第1周工作例会　刘老师小课堂

周一下午，刘老师把大布和小新叫到办公室，他们三人围坐在一张办公桌旁，桌上摆放着各种资料。

刘老师：大布，你说说你理解的调研是什么？

大布：调研就是实地走访、梳理材料、写出调研报告的过程。

刘老师：你说的只是调研的一部分流程。

小新：老师，那到底什么是调研？

刘老师：调研主要是通过对感性材料的占有，分析研判出本质和规律，形成科学决策的实践过程。调研的本质是发现问题、分析问题、解决问题的从理论到实践的过程。

小新：调查和研究有区别吗？

刘老师：调查是占有感性材料的过程，重点是"求全"；研究是分析归纳、提炼规律和本质、提出科学建议的过程，重点是"求善"。

大布、小新：明白了。

一、什么是调研

调查研究，简称调研，是通过对一定范围内的现象和问题进行收集、梳理、分析、研判，获取真实可靠的信息，推动科学决策和解决问题的过程。调研是一个从理论到实践的过程，是一个需要持续开展的重要工作形式。

⊃ 案例

东郊市要对该市应届大学毕业生的就业情况进行调研，具体工作分为四个步骤。首先，由市教育局等部门牵头成立调研小组并制订计划，进行人员分工，做好沟通对接；其次，通过问卷调查、访谈等方式了解这个群体的人数、就业率、行业分布、薪资水平等真实情况；再次，通过对这些数据进行分析，我们就可能发现就业市场中存在的问题，如大学生就业竞争激烈、薪资待遇不高、劳动保障不够，等等；最后，根据分析结果提出解决方案，如加强职业指导、提高实践能力、优化招聘渠道、加强监督监管等。

这就是调研的一个大致流程。需要注意的是，我们不应把调查研究过分学术化，而是应该认识到调研的本质是通过信息收集推动行为决策。这样看来，生活中调研其实无处不在。

调查研究是谋事之基、成事之道。没有调查，就没有发言权，更没有决策权。无论是在党政机关，还是在企事业单位工作，我们都需要具备调查研究的能力，摸清实际情况，分析研判问题，从而更好地推动科学决策和工作的开展。

二、调查和研究是两件事

调查是获取真实数据和相关情况的过程，研究则是在收集信息的基础上进行深入分析和解决问题的过程。简单地说，调查要"求多求全"，要求占有大量感性资料，掌握真实的情况。研究要"求真求善"，要求通过对调研对象的分析研判得出正确的科学理论，并提出合理的解决问题的办法。换句话说，调查是研究的前提和基础，其目标是找到事实和真相。研究是调查的结果和目的，其目标是找到本质和规律，推动问题的解决。

我们可以用毛泽东同志的"去粗取精，去伪存真，由此及彼，由表及里"来理解调查和研究的关系。"去粗取精，去伪存真"可以理解为大量地占有调研对象相关的材料，从中筛选出真实的、有代表性的数据，这里包含着调查的内容。"由此及彼，由表及里"可以理解为抓住调研对象的各类信息、数据的内在联系，分析清楚好的经验做法、存在的问题及其成因，提出合理可行的建议，这里包含着研究的内容。

调查和研究互相融合，密不可分，二者是有机统一的。就像烹饪一样，首先要有各种蔬菜、肉类、佐料，没有这些，只会开火，并不能做出可口的饭菜。食材多，菜肴才可能丰盛，这就类似于调查。同时，我们还需要开火、放油、煎炒烹炸，这些就相当于研究。

调查与研究二者缺一不可。在前期调查工作中，我们需要选择好的选题，进行资料的分类研究，这往往需要研究；在后期的研究工作中，如果对数据材料掌握得不够，我们还可以进行补充调查。

⊃ 案例

东郊市规划局为了更好地推动宜居型城市建设，以"加快建设森林公园"为主题，先后带领一批党员干部深入各街道乡镇、社区村队、森林公园、能源科技企业等召开座谈会，进行实地走访，了解各方的实际诉求。这就是调查阶段。在这个阶段，我们要充分地占有感性材料。

接下来，东郊市规划局将前期收集的材料进行梳理，分析了该地森林公园的发展现状、存在的问题和问题产生的原因，提出了实施整体建设、加强土地腾退、修复生态系统、增强土地"留白"等具体举措。这就属于研究阶段，也就是分析研判、提出对策与建议的过程。

三、我们认为的调研

调研是专门的活动，有其内在特征。

调研是检查吗

调研是一个全面深入地了解现象或问题的过程，旨在为政策制定和决策提供依据。检查则是对某个部门、项目或产品的具体工作或质量进行评估，以发现问题，提出改进意见。例如，调研可以对整个工厂的生产流程、管理模式、市场需求进行了解，并提出整改建议，而检查则侧重于对具体的生产线设备、工人操作等方面的质量进行评估。

调研是督查吗

调研需要对社会现象的现状、成绩、不足进行综合了解，为决策提供依据。督查主要是对某个部门、项目或政策的执行情况进行监督检查，往往带着"挑毛病"的心态，以确保实施方案顺利进行。例如，调研可能关注某个政策对市民生活的影响，而督查则关注政策在执行过程中的合规性、进度和质量等问题，以便进行及时督导。

调研是实验吗

调研一般不介入、不干涉调研对象的实际活动。实验则通过控制变量，对某一特定问题进行验证和探究。实验侧重于对实验对象的行为或效果进行预测和探究，调研更关注描述现象和提出规律认识。例如，调研可能关注某种药物在市场上的需求和患者的使用情况，而实验则关注药物的疗效和副作用。

调研是统计吗

调研收集数据是为了分析决策和解决问题，有多种收集方法。统计是通过对数据进行收集、整理、分析和解释，以描述和推断某一现象的方法。统计更注重数据处理和分析技巧，而调研则包含更广泛的研究方法和手段。例如，调研可能包括市场调查、访谈、观察等多种方法，而统计则主要关注对已有数据的处理和分析。

调研是咨询吗

调研是发现问题、分析问题的过程，在整合资源的基础上为决策提供依据。咨询是为解决特定问题提供专业意见和建议的服务。咨询侧重于解决方案的提供和实施，而调研更关注问题的发现、分析和解决的全过程。例如，调研可能关注某企业面临的市场竞争、管理问题等，为企业提供较全面的信息。而咨询则是在调研的基础上，为企业提供针对性的解决方案，如优化管理流程、制定市场策略等。

小结

1. 调研的概念。调研是通过对一定范围内的现象和问题进行收集、梳理、分析、研判，获取真实可靠的信息，推动科学决策和解决问题的过程。

2. 调查≠研究。 调查是获取真实数据和相关情况的过程，研究则是对收集的信息进行深入分析和解决问题的过程。

3. 调研具有独特性。 它不同于检查、督查、实验、统计、咨询等活动。

第二节　论原则：念好调研的"紧箍咒"

第2周工作例会　刘老师小课堂

刘老师：两位已经初步了解了调查研究的内涵，今天我们来说说调研的原则。我们可以把调研的原则理解为开展调查研究活动所必须遵守的思维模式、行为规矩和活动标准。那么，开展调查研究需要遵循哪些原则呢？

大布：首先应该坚持实事求是，从社会生活中的实际出发，真调查，看实情，不弄虚作假。

刘老师：很好。实事求是就是坚持客观性原则。小新，说说你的看法。

小新：调查研究需要坚持群众路线，要深入基层，深入一线，深入群众，走进人民群众日常的生产生活。

刘老师：很好，你说的可以概括为群众性原则。那么，调查研究还有哪些需要注意的原则呢？

小新：想不出来了。

刘老师：我来简单概括一下，调查研究需要遵循以下几个原则：一是客观性原则，二是全面性原则，三是系统性原则，四是群众性原则，五是科学性原则，六是实践性原则。

大布、小新：好的。

调研的原则是指调研者开展调研活动所必须遵守的思维模式、行为规矩和活动标准。调研主要遵循以下六大原则。

一、调研要有客观性

客观性原则要求调研者在进行调研的过程中始终保持中立的立场，尽量避免主观成见的干扰。调研者应该采取科学规范的收集方法，确保数据真实可靠。

调查研究要真实地反映社会现象，努力做到数据真实、信息可靠。客观性原则要求我们遇事不主观臆想，要广泛占有材料，认真分析研判，克服主观主义、形式主义等问题。

⊃ 案例

例如，我们要去黑龙江省开展粮食生产相关主题的调研活动，就要考虑到黑龙江省的省情，如它是我国粮食主产区之一，黑土地资源丰富密集，属于寒温带和温带大陆性气候，存在冻土层，近年人口呈现减少趋势，等等。围绕其省情，我们就可以将粮食生产、粮食初级产品和深加工经营、粮库仓储设备管理、种粮人群变化等作为主要调研方向，每个方向再细分出几个问题，切实开展调查研究。

坚持客观性原则常见的误区有三个。一是"拍脑袋"决策，即调研者不顾基层的工作实际和群众诉求，根据自己的想法去开展调研。二是预设结论，即调研者根据既有的理论或个人经验去推测基层的现状和存在的问题。三是作风漂浮，即开展调研浅尝辄止，存在走形式、喊口号、假大空等行为。

二、调研要有全面性

全面性原则要求调研者在研究过程中全面考虑问题的各个方面，避免片面性和局限性。在具体操作中，调研者应该从多个角度收集数据，确保研究信息全面准确。

调查研究工作要充分反映社会现象和客观事物的方方面面，做到局部和整体相结合、现实和历史相结合、正面和反面相结合，要注意克服片面性，防止走极端。

⊃ 案例

某省省委书记撰写文章对该省乡镇行政区划调整改革和村级建制调整改革情况进行介绍。针对"两项改革"的成效、经验做法、存在的问题、下一步深化举措等情况，该省委书记用了一周时间，到 A 市 2 个县开展蹲点调研，并同步组织 10 个调研组深入 A 市 9 个县（市、区）摸排情况，通过"解剖麻雀"，进一步总结经验、检视问题、研究对策。

坚持全面性原则常见的误区有三个。一是"抓住一点，不及其余"，即只关注调研对象的某个领域存在的成绩或不足，缺乏正反两方面的对比。二是孤立地看问题，即就事论事，对材料和现象掌握不够，盲目下结论。三是浅尝辄止，即只了解局部情况，不想深入调研，得过且过。

三、调研要有系统性

系统性原则要求调研者要将调研对象相关的因素有机地联系起来，形成完整的研究体系。在实际操作中，调研者应该深入分析、比较研究对象及其内部之间的联系和规律。

党的二十大报告要求我们要不断提高战略思维、历史思维、辩证思维、系统思维、创新思维、法治思维、底线思维能力。在开展调研的过程中，我们要坚持运用系统思维看待客观事物，注重事情发生的前因后果，了解与调研对象有关的各个要素部分、各个组织形式及其内在的联系。

坚持系统性原则常见的误区有三个。一是"只见树木，不见森林"，即过分聚焦部分信息和内容，对相关因素了解不够，导致结论不够科学。二是缺乏逻辑分析，如有时把时间关系理解为因果关系，对事物的发生发展规律把握不准。三是缺乏历史思维，即不能充分了解事物发展的动态过程，只聚焦当前情况，对过去的历史状况不够了解。

四、调研要有群众性

群众性原则要求调研者对群众饱含热情，认真听取群众意见，积极调动群众智慧，积极为群众排忧解难。在实际操作中，调研者应该广泛听取群众的意见和建议，尊重群众的主体地位。

开展调研活动的最终目的是补足工作短板，服务群众需求，解决基层困难。我们要摆正心态，坚持从群众中来，到群众中去。

⊃ 案例

毛泽东同志非常注重用群众观点开展调查研究。在《湖南农民运动考察报告》一文中，毛泽东同志提到，"我这回到湖南，实地考察了湘潭、湘乡、衡山、醴陵、长沙五县的情况。从一月四日起至二月五日，共三十二天，在乡下，在县城，召集有经验的农民和农运工作同志开调查会，仔细听他们的报告，所得材料不少"。

坚持群众性原则常见的误区有三个。一是颐指气使，即调研者在调研过程中对群众的困难视而不见，对基层的接待服务挑三拣四，存在走过场的行为。二是光说不做，即对调研中发现的问题只报喜不报忧，不愿得罪人，不解决问题。三是语言生硬，即调研者脱离群众的日常实践，很难用群众听得懂、听得进的表达方式进行交流，进而得出真实的、客观的信息和数据。

五、调研要有科学性

科学性原则要求调研者在调研过程中遵循定性分析和定量分析等科学方法，科学对待调研数据，得出科学结论。在实际操作中，调研者应该采用科学的理论开展活动，运用合理的数据分析方法进行信息收集和分析，确保研究结果的科学性。

科学性既体现在调研的过程中，也体现在撰写报告和成果运用的过程中。我们要注意运用定性分析与定量分析的方法，认真剖析感性材料，科学谨慎、认真负责地形成有依据的文字材料，从而形成科学理论，推动工作的开展。

➲ 案例

东郊市发改委要牵头编制《东郊市×××期间经济社会发展五年规划》，需要采取一系列步骤。一是成立调研组分赴各区县等地考察，了解经济部门的现实情况；二是召集经济领域的专家学者、企业负责人，召开征求意见会；三是向市级机关征求意见和建议，取得资源支持；四是向市民征求意见，获得群众支持。此外，调研活动还要经过市委、市政府相关会议的讨论，并按照法定程序报市人大表决通过。

坚持科学性原则常见的误区有三个。一是"差不多就行"，即调研者对数据没有进行科学细致的分析，用"多数、不少、很多"等宽泛的词语去描述规律性的认识，表述不够严谨。二是"想当然"，即调研者把被调研地方的信息数据和自己听说过、接触过、了解过的其他类似场景进行映射，自以为是地"照猫画虎"。三是穿凿附会，即调研者为了论证预设的理论，有意无意地忽视材料里的真实信息。

六、调研要有实践性

实践性原则要求调研者要注重理论与实际相结合，在深入了解实际情况的基础上运用理论知识进行分析阐释，推动解决问题，指导实践。

实践性原则要求调研者要遵循"实践—认识—再实践"的认识过程，验证理论的科学性和办法的可行性，从而推动解决实际问题。

坚持实践性原则常见的误区有三个。一是停留在纸面上，即调研者过分关注历史资料和书面材料，不愿去基层一线实地走访，对社会生活实际了解不够。二是应付了事，即调研者对感性材料分析加工不够，撰写调研报告很草率，很难形成科学的结论和可行的建议。三是束之高阁，即调研者认为"多一事不如少一事"，不愿将合理的意见和建议汇总上报，不愿担当作为。

小结

调研活动需要遵循以下六大原则。

1.客观性原则要求调研者保持中立客观的立场，减少主观成见的干扰。

2.全面性原则要求调研者全面考虑调研对象的各个方面，避免片面性。

3.系统性原则要求调研者将各个因素有机地联系起来，形成一个研究体系。

4.群众性原则要求调研者发挥群众的智慧和力量，为群众办实事。

5.科学性原则要求调研者遵循科学的方法，严谨对待数据和事实。

6.实践性原则要求调研者在深入了解实际情况的基础上，运用理论知识进行分析阐释，指导实践，解决问题。

第三节　谈作用：用好调研的功能池

第3周工作例会　刘老师小课堂

刘老师：今天开个短会，简单聊聊调查研究的意义。调查研究至关重要，你们两位谈谈调研都有哪些意义？

大布：刘老师，我认为第一种意义是有利于了解基层的实际情况，了解各种政策措施的实际效果。

小新：我同意。我觉得第二种意义是有利于推动科学制定政策。我们可以了解某些领域的发展状况和存在的问题，为政策的制定提供依据，使政策更加符合实际，切实可行。

刘老师：很好。此外，调研还有利于解决业务工作中的难题。我的一位领导曾经讲过，在机关里，一定要锻炼三个能力，即"张嘴能说，提笔能写，工作能干"。光说不干不行，光干不说也不行。现实中，很多人干得不怎么样，但是说得天花乱坠，我们不要这样，还是要实事求是。能写也很重要，有的人不爱展示自己，但是是金子总是会发光的，能写也就能被发现、被赏识。能干更加重要，把事情搞砸了，对自己、对单位、对事业都会造成影响。调研恰恰能够充分锻炼能说、能写、能干这三种能力，从而切实解决工作中遇到的问题，不断提高个人的工作能力。

大布：感谢刘老师的分享。这次调研活动其实就是提高我们工作能力的非常好的机会。调研是不是也能促进解决实际问题呢？

刘老师：你说得很好。这就是调研的第四种意义，我们只有吃透"上情"，摸清"下情"，才能提出合理的意见和建议，从而解决实际问题。

小新：明白了。

刘老师：好。今天的讨论就到这里。

调研的意义是指调研活动对调研者和被调研者以及其他主体所起的作用或效果。调研主要有四个方面的重要意义，具体如下。

一、调研是认识客观世界的重要基础

调研是认识客观世界的前提和基础，它能帮助我们在不断变化的社会环境中及时发现新的问题、新的矛盾。通过广泛调查、深入了解，我们可以形成对客观事物的全面的、系统的认识，从而更好地指导实际工作。

调研也是认识客观事物的重要方法。对待新鲜事物和困惑的问题，我们只有充分调研，充分占有感性材料，认真分析研判，才能更好地认识变化着的客观世界，获得更加科学的知识，从而改造自己的主观世界。

二、调研是推动科学决策的关键步骤

调研能够帮助我们从纷繁复杂的现象中找到真实问题，探究本质规律，提出合理建议，为科学决策提供有力支持。只有基于对真实情况的深入了解，我们才能避免陷入主观臆断、盲目跟风的误区，制定符合实际需求的政策和措施。

科学地制定和执行政策，既需要因地制宜地考虑客观情况，又需要通过调研了解新情况、新问题，从而完善政策。

三、调研是解决实际问题的重要手段

调研可以帮助我们深入了解问题的症结所在，从而制定出具有针对性、实效性的解决方案。只有经过充分调研，了解平时接触不到的问题，我们才能提出合理建议，解决实际问题。

四、调研是贯彻群众路线的必然要求

调研的目的之一是通过实际了解情况，收集人民群众的困难诉求，及时解决人民群众的急难愁盼。

"从群众中来，到群众中去"是我们党长期革命、建设和改革实践经验的结晶，是马克思主义认识论和唯物史观的生动体现和具体运用。坚持群众路线，要求我们要深入基层、深入一线、深入实际，了解群众想法，吸收群众智慧，解决群众难题。

小结

调研具有重要意义。

1. 调研有利于认识不断变化的客观世界。

2. 调研有利于推动科学地制定和执行政策。

3. 调研有利于解决工作中的实际困难。

4. 调研有利于解决人民群众的急难愁盼。

第二章　做好调研前的准备

本章主要介绍调研前的各项准备工作，具体包括确定调研选题、制订调研计划、做好任务分工等。

第一节　定方向：把握选题的定盘星

第4周工作例会　刘老师小课堂

刘老师：今天要讨论的主题是如何确定调研选题。好的选题是调研成功的前提。大布，先说说你的看法吧。

大布：我认为选题的关键是要找到一个既围绕工作重点，又具有一定社会关注度的课题。我们可以先从政策文件、新闻报道和专家意见等方面进行搜集和整理，再进行筛选。

小新：对。另外，我觉得我们在确定选题时可以尝试一些新的思路，如关注一些民生问题。

刘老师：很好。那么，确定选题需要遵守哪些原则呢？

大布：要有政策导向，我们可以从政府网站上查找相关政策文件，了解政府工作的重点和方向，这样可能会更具创新性和前瞻性。

刘老师：你提出的是时效性和创新性，非常好。

小新：有些选题前人都已经研究得很透彻了，再拿来研究意义就不大了。

刘老师：说得好。

大布：我们是否需要跟其他调研组进行沟通，以避免重复选题呢？

刘老师：对。在确定选题之前，我们要先了解一下其他组的研究方向和选题，确保我们的研究能够与之协同互补。大布，这件事你来沟通，没问题吧？

大布：没问题。

小新：老师，给我也安排点工作吧。

刘老师：你去查查与调研相关的政策文件和东郊市关于开展调查研究的相关意见和方案吧。

小新：好的。

调研选题，或者说调研课题，是指在开展调研活动之前，调研人员需要明确的调研主题、内容及方向。

好的选题是调研成功的前提。如果选题方向出错，选题角度有偏差，就会影响整个调研活动。

一、调研选题有哪些类型

按照不同标准，调研选题可以有不同的分类形式。从党政机关工作流程的角度来看，调研选题可以分为命题调研、业务调研、自主调研等类型。

（一）命题调研

命题调研是指根据上级或领导的要求指示，按照上级确定的课题开展调研。这种调研的选题实际上已经由上级指定好，调研方向已经明确，调研人员的自由选择权限较小。

命题调研往往是由于上级或领导想了解政策法规的贯彻落实情况，或是想找出部门工作中问题和隐患的解决思路，以及出于其他相关考虑，指派某个部门或某位人员牵头，开展调研工作。命题调研的题目往往涉及面较广，与调研人员的主要职责未必完全匹配。

⊃ 案例

假设你是东郊市发展改革委价格处的处长，市发展改革委主任根据班子意见及自己对全局的通盘考虑，指派价格处处长牵头，开展为期两个月的调研，调研主题为数字技术在服务实体经济方面的成效及改进意见，这个调研选题与价格处的职能就并非完全一致。

（二）业务调研

业务调研是指调研者根据自身的职能定位要求，结合主业主责，对当前工作中的重点、难点、热点问题进行调研。在业务调研中，调研者结合平时工作中的实际情况，经上级或领导同意，围绕某些具体业务问题开展调研。这类调研的选题不是被动的，调研者的主导权比较大。

业务调研往往是业务部门根据工作中存在的困难，为了优化工作效率、解决业务问题而开展的。业务调研聚焦较小的角度，可以对某类问题进行纵深了解，调研方向更细致、更专业。

⊃ 案例

假设你是东郊市委党校科研处的领导，为了更好地推动落实"为党决策"的政策要求，你根据目前市委党校科研人员申报课题的内容、质量、渠道、成果运用等主业主责，制定了一份调研方案，报党校领导批准后，组织调研团队开展为期一个月的调研活动。

（三）自主调研

自主调研是指不需要上级或领导指定调研范围，调研者根据工作需要，结合个人兴趣爱好自行选择课题。

自主调研并不是自由散漫、没有规章纪律的胡乱调研。自主调研的主要特点是不需要组织机构安排，个人或有关组织自行开展调研，选题的灵活性更强，调研人员对调研的时间、方式更加具有选择权。

○ 案例

某大学教授利用寒假期间学生回乡过年的时机，开展了随机问卷调查，探究青年群体中"断亲"现象的发生比例。最终结果显示，绝大多数的"90后"及"00后"青年群体，家里如果无事发生就几乎不与亲戚联系。这说明青年"断亲"现象已经日益普遍。这个案例就是一个自主调研的例子。

在实际工作中，我们在确定调研选题时，往往既需要考虑政策意见的工作要求，又需要尊重上级领导的工作方式，还要结合所在部门的职责和调研者的能力水平。

二、确定调研选题需要把握哪些原则

确定调研选题要重点遵循以下四点原则。

（一）时效性原则

选题的时效性是指选题的时机要合适，要符合时代背景和工作场景。选题既不能过分超前，也不能严重滞后，需要紧跟时代发展的步伐，关注当前热点问题和突出矛盾，从而推动科学决策。

选题的时机需要精准把握。如果选题过早，事态的发展只是刚刚起步，见不到实际效果和问题迹象，领导也没有关注到这类课题，则很难开展活动，也缺乏开展的必要性。如果选题过迟，问题已经非常严重，或者已经有了一些解决措施，那么选题思路和对策可能会出现滞后。

（二）针对性原则

选题的针对性是指选题要针对社会生活中的实际问题，有明确的研究目标和预期成果，能够为科学决策和工作开展提供参考。

选题要聚焦大政方针，关注社会热点问题，既要考虑工作的综合性、全面性需求，也要考虑工作的业务性、区域性需求，避免无病呻吟、没有实际意义的选题和"走马观花""一阵风""盆景式"的调研。

选题的针对性往往和调研者对待工作的真情、对待群众的感情密切相关。选题的针对性要求调研者聚焦社会实际，聚焦群众"关键小事"，聚焦痛点、难点、堵点，以"破山中贼易，破心中贼难"的态度开展调研工作。

（三）创新性原则

选题的创新性是指调研选题要具有一定的新颖性和独特性，能够针对新情况、新问题提出新观点、新对策，避免重复研究。

选题的创新性简单来说就是"人无我有，人有我优"，不能沉浸在前人的窠臼中难以自拔。创新性的角度有很多，可以是无人研究的课题，可以是别人虽然研究过但是研究得不深入、不细致的课题，也可以是研究的内容、客体、对象产生变化的课题。选题的创新性虽然不要求我们像做学术研究那样具备高度的学理性和前瞻性，但也需要我们了解选题既有的学术研究成果和最新动态，从而提出合乎实际而又具有新意的观点、看法、对策和意见。

⊃ 案例

在人民日报出版社 2019 年出版的《如何有效开展调查研究》一书中，作者讲述了关于"蚁族"的选题经历。

"我最早关注'蚁族'是在 2007 年，之前也有不少记者关注过唐家岭，但大多限于违章建筑多、环境脏乱差等城乡接合部共有的问题。我到唐家岭实地走访时，发现该村有两个与众不同之处：一是此地有很多年轻的面孔，这引起了我的好奇，仔细询问，原来都是大学毕业生；二是房屋出租的广告上，可以没有独立的卫生间和厨房，但一定要'有宽带，能上网'，这在当时不是农民工和农民的需求。长期学术训练的敏感性告诉我，这是一个被社会忽视的群体。于是，我立即成立课题组，开始对这一群体展开调研。"

可见，作者通过实地走访和对社会现象的敏锐把握，结合对经济结构调整的社会发展状况的思考，提出了"蚁族"这一选题，并进行专门研究，取得的成果令人瞩目，推动了党政机关和社会各界关注高知青年群体这一"蚁族"群体，为化解民生问题提供了重要参考。

（四）可行性原则

选题的可行性是指调研题目要尊重客观规律，充分考虑人、财、物的情况，发挥调研者的特长，确保能在有限的时间和资源内完成调研。

调研活动通常开展几天到几年不等，一般持续一两个月的居多。在时间紧、人手少、资金使用受限制的情况下，我们要尽力避免宏观性、综合性的题目，同时还要考虑被调研者的具体情况，预留好时间，做好应急准备，减少不可控因素对调研活动的影响。

⊃ 案例

根据毛泽东同志在《兴国调查》中的描述，毛泽东同志借着兴国县送农民来当红军的机会，对兴国县第十区即永丰区进行了调查。

毛泽东同志对八个家庭进行了深入的调查了解，每天召开两至三次调查会，开会的氛围活泼有趣，调查了各阶级在土地斗争中的表现。

三、确定调研选题的途径

确定选题时，我们可以从多种渠道了解选题的相关信息，从而确保选题的科学合理。

（一）围绕上情

围绕上情是指根据上级的政策精神，围绕上级领导或领导机关关注的问题和工作重点，选择符合要求的研究课题。

领导意图既可以是集体决定的，也可以是领导的口头指示。围绕上情同时也要求调研者主动提供信息，以便领导了解具体情况，提出合理选题。

（二）服务中心

服务中心是指选题要结合本单位或本部门的中心工作，围绕主业主责，挖掘具有实际意义的研究课题。

结合本单位、本部门的中心工作，要求调研者围绕党建引领、主业主责、服务群众等领域的工作，提出合理的选题意见。

⊃ 案例

东郊市交通部门在收集信息阶段发现公共交通出行比例偏低是造成拥堵的主要原因之一。在分析讨论阶段，交通部门的工作人员就如何提升公共交通出行比例展开讨论，发现优化公共交通线路和提高服务质量是重要举措，并开展了预调研。最终，交通部门将调研选题确定为"优化公共交通线路与服务质量，缓解城市交通拥堵问题"。

（三）把握下情

把握下情是指调研者可以从群众关心的问题和基层部门亟待解决的难题中，区分轻重缓急，筛选出具有针对性的调研选题。

把握社情民意不能仅仅局限在工作范围内所接触到的情况和信息，我们还要在平时的生活中及时发现问题，注意收集各种情况，进行选题筛选。此外，我们也可以通过参加各类研讨会和座谈会，了解行业最新动态和发展趋势，发掘有价值的调研选题。

小结

1. 调研选题的类型包括命题调研、业务调研和自主调研。

2. 确定调研选题遵循的原则包括时效性原则、针对性原则、创新性原则和可行性原则。

3. 确定调研选题的途径包括围绕上情、服务中心和把握下情。

第二节　举旗帜：画好方案的路线图

第 5 周工作例会　刘老师小课堂

刘老师：今天我们主要讨论一下调研活动方案的制定问题。我们可以把调研方案比作时间表、路线图、任务书。大布，你先说说调研方案包括哪些内容？

大布：调研方案包括调研目的、调研内容、调研时间和地点、调研分工。

刘老师：小新说一说。

小新：我觉得还可以再加上工作要求。

刘老师：把你们说的组合起来，内容就齐全了。你们再说说这几个部分有没有什么框架或者行文技巧呢？

小新：一般框架就是为了什么目的、推动贯彻什么意见，再结合本单位的实际情况，制定调研方案。

刘老师：很好。再加上依据什么意见、办法、方案，就差不多了。那么，调研内容有什么框架或者思路吗？

小新：我能想到的是"五位一体"。

刘老师：很好。那具体某一个领域怎么设置调研内容呢？

大布：可以从过去的开展情况、现在的工作亮点、存在的不足、下一步的建议去进行内容的设定。

刘老师：很好。当然还有别的思路。你们再说说调研方案中的总体要求和工作要求有什么区别？

大布：总体要求一般放在前面，相当于指导思想。工作要求一般放在最后，相当于组织保障。

刘老师：好。调研方案还需要写明调研方式。你们一会儿写一个两千字左右的调研方案给我看看。

大布、小新：好的。

调研方案是指在进行调研活动前，根据领导的意图或工作需要，对调研工作的目的、内容、时间、地点、对象、方法、组织保障等要素加以明确的文字材料。

调研方案是指导调研工作的重要抓手，是推动调研工作开展的路线图。制定调研方案是一种重要的目的性行为，需要通盘考虑调研所涉及的事项，注意协商研讨，从而推动调研工作顺利开展。调研方案需要列明调研目的、内容、方法等要素。

一、调研目的

调研目的是指通过调研活动所期望实现的目标，包括发现问题、解决困难、试验效果、产生影响等内容。

调研目的一般要求开宗明义，在调研方案的最前面就要描述出来。调研目的为整个调研过程提供方向，可以是了解现象、解释原因、预测趋势、解决问题等具体内容，具有提纲挈领、举旗定向的作用。

调研目的段的写作框架是：为了贯彻上级目的句＋落实地区部门情况句＋根据政策法规句＋结合实际句＋制定方案过渡句。

在这个框架中，我们也可以加入地区部门成绩句和存在问题不足句，或者适度微调。

⊃ 案例

我们以 2023 年 4 月陕西省委办公厅印发的《关于在全省大兴调查研究的实施方案》为例，该方案的开头段如下。

"为深入学习贯彻习近平新时代中国特色社会主义思想和党的二十大精神，全面贯彻党中央关于在全党大兴调查研究的重大部署，认真落实习近平总书记来陕考察重要讲话重要指示，切实推动"三个年"活动取得实效，推动奋进中国式现代化新征程、谱写陕西高质量发展新篇章开好局起好步，根据《中共中央办公厅印发〈关于在全党大兴调查研究的工作方案〉的通知》要求，结合陕西实际，制定如下实施方案。"

这个目的段的句群逻辑是：为了上级较大部署句+为了上级较小部署句+为了我省部署句+为了我省具体部署句+为了较大目标句+为了省情目标句+依据政策法规句+结合实际句+过渡句。

二、调研总体要求

调研总体要求是指调研工作需要遵循的指导思想、工作原则、阶段任务等内容。调研总体要求一般出现在比较正式的、和党政机关工作有关的调研方案中。

调研总体要求的写作框架是：以重要思想为指导句+贯彻重要部署句+聚焦重点内容句+坚持基本原则句+推动地区部门政策落地句+促进重要意义句。

在这个框架中，我们也可以加入地区部门现有成绩句+存在不足句，或者适度微调。

总体要求可以分解为：总体要求=指导思想+基本原则+阶

段目标，即把总体要求分成三段，分别描述调研需要遵循的指导思想、遵守的基本原则和阶段性的目标任务。

⊃ 案例

我们以 2023 年 4 月山东省委办公厅印发的《关于在全省大兴调查研究的实施方案》为例，该方案的总体要求如下。

以习近平新时代中国特色社会主义思想为指导，全面贯彻党的二十大精神（以重要思想为指导），结合开展学习贯彻习近平新时代中国特色社会主义思想主题教育（贯彻重要部署），紧紧围绕贯彻执行党的理论和路线方针政策、党中央重大决策部署（聚焦重点内容），全面落实习近平总书记关于调查研究的重要论述，全面落实习近平总书记对山东工作的重要指示要求，大力弘扬党的光荣传统和优良作风（落实重要指示精神），突出问题导向和目标导向，在全省大兴调查研究（结合地区部门实际）。把大兴调查研究作为主题教育的重要内容，通过深入开展调研，促进广大党员、干部特别是领导干部不断深化对党的创新理论的认识和把握（理论目的句），善于运用党的创新理论研究新情况、解决新问题、总结新经验、探索新规律（主责意义句），扑下身子干实事、谋实招、求实效（担当意义句），以调研促作风转变、促能力提升、促科学决策、促问题解决、促工作落实（作风意义句）。

各级党委（党组）要深入领会党中央关于在全党大兴调查研究的要求，坚持党的群众路线，坚持实事求是，坚持问题导向，坚持攻坚克难，坚持系统观念（基本原则句），在调研中增进同人民群众的感情，真诚倾听群众呼声、真实反映群众愿望、真情关心群众疾苦（具体要求一）；在调研中听真话、察实情，坚持真理、修正错误（具体要求二）；在调研中正视问题、发现问题、解决问题，真正把情况摸清、把问题找准、把对策提实（具体要求三）；在调研中勇于涉险滩、破难题，推进工作、战胜困难（具体要求四）；在调研中前瞻性思考、全局性谋划、整体性推进全省各项事业，确保取得实实在在的成效（推动地区部门政策落地）。

这个方案的总体要求部分从指导思想、重点内容、地区情况、基本原则、重要意义、工作落地几个角度进行构思，句式简洁，内容翔实，结构比较严谨。

总体要求不是调研方案必须具备的要素，有时可以结合调研目的意义段进行统筹排布。

三、调研内容

调研内容是指调研活动所需获取的具体信息和具体指标。调研内容应以调研目的为导向，确保收集的数据能为实际工作提供帮助。调研内容应该围绕调研选题进行条分缕析，涵盖与调研目的和对象相关的所有关键信息，从而提高调研活动的科学性、针对性、可行性。

调研内容没有固定框架，但是可以参考以下几种思路进行撰写。

第一，通过横向上的不同区域情况来设定，如经济发达地区、不太发达地区对某个事物的看法。

第二，通过纵向上的不同时间情况来设定，如过去的开展情况、现在的开展情况、将来的预期效果。

第三，通过主体上的不同群体情况来设定，如农民的看法、企业家的看法、基层社区队所的看法。

第四，通过流程上的前中后期情况来设定，如前期的开展情况、中期的开展情况、后期的开展情况。

第五，通过事理逻辑的角度来设定，如开展情况、成绩情况、问题及成因、对策情况。

⊃ 案例

2019 年 3 月 4 日印发的《贵州省农业农村厅推进农村产业革命大调研工作方案》围绕农村产业革命的调研主题，提出了四个方面的调研内容。

（一）农村产业革命推进情况。围绕省领导领衔推进的蔬菜、茶、食用菌、中药材、精品水果、辣椒、生态畜牧、生态渔业等重点农业产业和一县一业，结合当地实际，突出重点产业，了解各地明确的目标任务、推进措施和破解突出问题的对策等，了解当地党委、政府结合本地实际研究推进农村产业革命情况以及部署落实情况。

（二）500 亩以上坝区建设情况。主要包括：500 亩以上坝区基本情况，2018 年坝区农业产业结构调整取得的成效、主要做法和亮点，2019 年工作打算及目前进展情况，存在的问题和困难，对省级层面有何意见建议等。

（三）深入推进农业结构调整抓好玉米调减情况。按照今年全省再调减玉米 500 万亩的目标，各县（市、区）任务分解、品种选择、措施制定等方面情况，困难与对策思路。

（四）推进农村"三变"改革和集体产权制度改革情况。各地落实"三变"改革覆盖全省 60% 行政村、80% 贫困村要求的思路、举措和难点对策；各地落实 2019 年上半年完成农村集体资产清产核资数据上报要求的措施，可能影响进度质量的薄弱环节与对策。

这四个方向的调研内容分别围绕重点产业推进、坝区产业推进、玉米调减推进、产权制度推进进行描述，属于从全面到具体、从实践到制度的逻辑顺序；每一个方面又包括现状、成绩、问题、建议，属于事物发展的事理逻辑。

四、调研方法

调研方法是指为实现调研目的而采用的数据收集和分析手段。常见的调研方法有问卷调查法、访谈法、观察法、实验法等。调研方法的选择应根据调研目的、对象和内容来确定，从而保证调研结果的科学性。调研方法可以分为定量分析和定性分析，前者一般用于前期调查阶段，后者一般用于后期研究阶段，实际调研中，二者往往结合起来使用。

调研方案中明确的调研方法一般描述的是调查方法而非研究方法。以党政机关和企事业单位的工作习惯来看，比较常用的调研方法包括访谈法、会议法、问卷法等。

⊃ 案例

2023 年 4 月山东省委办公厅印发的《关于在全省大兴调查研究的实施方案》中的"创新办法"部分，明确了一些具体的调研方法，现摘录其中的第 3 点。

"3. 传统手段和现代方式相结合。既注重采用召开座谈会、研讨会、走访调查、蹲点调查、典型调查、实地考察等传统手段，也统筹用好网络调查、问卷调查、统计调查、大数据分析等现代方式，提高调研的质量和效率。"

该方案"创新办法"中的第 3 点明确了会议法、访谈法、问卷法等调研方法。

五、调研分工

调研分工是指在调研过程中调研团队成员各自承担的任务和责任。在制定调研方案时，我们应根据团队成员的个人特长和工作经验来分配任务，明确职责。

调研分工主要是明确不同组别的成员和具体职责，在实际工作中也可以根据形势变化和人员能力特点进行调整。

➲ 案例

东郊市水利局要对辖区的山洪灾害防御工作进行调研指导，因此制定了《东郊市水利局关于开展山洪灾害防御工作的调研方案》，并进行了人员分工，具体内容如下。

1. 成立调研领导组。

调研领导组

组　　长：局长×××

副组长：副局长×××、副局长×××、副局长×××

成　　员：×××、×××、×××

2. 市水利局领导各带领一个调研组到调研点开展调研，每个调研组由党组成员领导，分管科室和直属事业单位科级领导干部组成。

3. 调研领导组办公室设在研究室。

调研领导组办公室主任：×××

副主任：×××、×××

成　　员：×××、×××、×××

六、调研时间安排

调研时间安排是指在调研过程中对具体时间、具体阶段的工作进行明确部署。合理的时间安排可以确保调研工作顺利进行。

调研时间的大致框架包括前期准备阶段（组建队伍、制作方案、设计问卷、做好培训）、中期实地调研阶段（发放问卷、实地座谈、深度访谈、搜集数据）、报告撰写阶段（完成数据内容分析、撰写调研报告初稿、征询部门意见、完成调研报告终稿）。

⊃ 案例

我们以 2017 年 10 月 12 日江西省农业厅[①]印发的《全省畜牧兽医体系建设调研工作方案》为例，该方案中的"调研进度安排"内容如下。

（一）全面普查（2017 年 6—9 月）

组织开展市、县、乡镇畜牧兽医机构、人员、保障、服务对象、工作任务等普查，收集第一手资料（已完成）；对普查资料进行统计分析。

（二）拟订方案（2017 年 9 月 15 日前）

调研办公室起草调研方案报领导小组审核后，下发各地和相关部门执行；根据调研内容，细化调研提纲，制定调查表格，落实调研人员。

（三）省内调研（2017 年 9—12 月）

采取书面调研、现场调研、问卷调查及函询调查、集中座谈等方式，针对各地畜牧兽医体系建设的不同情况，分批分组重点调研 10～12 个县（市、区），每个县（市、区）调研 2～3 个乡镇，采集第一手材料。调研过程中，将根据需要，调度补充相关

---

① 现江西省农业农村厅。

情况及数据。

（四）省外调研（2017 年 11 月 30 日前）

在开展省内调研的同时，组织到畜牧兽医体系建设和畜牧兽医社会化服务搞得比较好的浙江、福建、辽宁、河南等省进行调研，学习外省的成功经验，为我省推进畜牧兽医体系建设提供借鉴。

（五）起草报告（2018 年 1 月 15 日前）

实地调查活动结束后，收集整理调查资料，完成《全省畜牧兽医体系建设现状及对策的调研报告》起草，送领导小组阅审。组织起草报省政府的《关于加强我省畜牧兽医体系建设的报告》，并完成初稿。

（六）试点部署（2018 年 1—2 月）

完成畜牧兽医体系改革试点方案起草，遴选试点县（市、区），指导试点县制定改革实施方案。

调研的时间安排只要确定大体的时间规划即可，并且要排出进度表，给最后的调研报告撰写留足时间，及时对照任务督促工作开展。

七、调研工作要求

调研工作要求是指调研工作组织者需要遵守的组织保障、统筹协调等具体要求。

工作要求的大致框架是"头口手脚"四字法。

"头"指的是领导带头，包括成立专班、一把手牵头、合理分工、以上率下等内容。"口"指的是宣传引导，包括贯彻上级精神、拓宽宣传方式、发挥线上优势等内容。"手"指的是做好服务，包括人、财、物的支持，统筹工学矛盾等。"脚"指的是作风建设，包括深入基层、轻车简从、严肃问责、监督考核等。

⊃ 案例

2023 年 4 月，安徽省委办公厅印发了《关于在全省大兴调查研究的实施方案》，方案中的"严格工作要求"部分内容摘要如下。

（一）压实领导责任。各级党委（党组）要提高政治站位，把调查研究工作摆在更加突出的位置，科学精准做好方案设计、过程实施、监督问效等工作，确保规定动作做到位、自选动作有特色、调查研究见实效。

（二）严明调研纪律。严格执行中央八项规定及其实施细则精神，轻车简从，厉行节约，简化公务接待，不搞层层陪同。

（三）务求取得实效。持续深化"一改两为"，坚持实事求是，多和人民群众坐在同一条板凳上听真话、察实情，努力做到在一线发现问题、在一线解决问题、在一线化解矛盾。

（四）营造浓厚氛围。各级党报、党刊、电视台、广播电台、网络传播平台等要精心策划，综合运用新闻报道、言论评论、典型宣传等形式，大力宣传调查研究的重要意义，宣传全省上下对调查研究的热烈反响和积极评价，宣传各地各部门开展调查研究的具体举措、进展成效，让调查研究在江淮大地蔚然成风。

该方案的工作要求部分遵循的逻辑是领导带头、监督考核、统筹协调、宣传引导，内容比较科学具体。

调研方案也可以包含调研对象（对哪些人进行调研）、调研地点（在哪些地方进行调研）、调研工具（使用哪些录音录像设备）、经费筹措（怎么进行经费安排）等内容，这些内容相对简单，可以融入调研方案的其他部分，不必单独列出。

• • •

调研方案框架示例

×××单位关于开展×××调查研究的工作方案

为深入学习×××思想，全面贯彻×××精神，按照×××要求部署，推进×××进程，根据×××的规定，结合单位实际，现制定如下工作方案。

一、总体要求

以×××重要思想为指导，贯彻落实×××精神，围绕×××路线方针政策，坚持×××，坚持×××，坚持×××原则，聚焦今年重点任务，聚焦×××系统重点问题，聚焦群众的热点难点问题，提高×××能力，增强×××，更好推动×××工作能力和水平服务，为×××工作服务。

二、调研内容

各部门各单位要立足职能，围绕×××职责，结合实际，确定调研内容。

（一）关于×××的开展情况和有关问题。

（二）关于×××的开展情况和有关问题。

（三）关于×××的有关问题。

三、人员分工

（一）第一阶段，赴×××开展调研，×××参加，调研时间×××天。

（二）第二阶段，赴×××开展调研，×××参加，调研时间×××天。

（三）第三阶段，赴×××开展调研，×××参加，调研时间×××天。

四、调研方式

（一）座谈交流。

（二）实地走访。

（三）查阅资料。

（四）督促指导。

五、有关要求

（一）组织重视。

（二）创新方式。

（三）严肃作风。

（四）跟踪考核。

小结

调研方案包括调研目的、内容、方式、分工、时间安排等。

1. 调研目的的撰写一般要注意贯彻意图、结合实际、聚焦重点。

2. 调研内容的撰写一般要突出逻辑、注重全面，列出四点以上的内容。

3. 调研方式的撰写主要有访谈法、会议法、问卷法、观察法。

4. 调研分工的撰写要注意分组、分级别安排工作。

5. 调研时间应按照前期、中期、后期进行安排。

6. 调研工作要求应遵循"头口手脚"四字法。

第三节　搭班子：激发团队的凝聚力

第6周工作例会　刘老师小课堂

刘老师：我们之前讲了调研前需要确定好选题、拟定调研方案。除此以外，还需要哪些准备工作呢？

大布：需要对相关政策理论和业务知识进行研究。

刘老师：你说说需要了解哪些政策？

大布：一是习近平总书记在相关领域的重要论述、重要指示精神；二是某些行业系统的重要指导性意见，如农业农村部对乡村建设行动可能有专门的指导意见或办法；三是省区市的"一把手"的讲话精神及相关省级重要文件要求。

刘老师：小新说说。

小新：是不是还要关注一下近期学术界相关领域的学术文章和调研报告成果？

刘老师：非常好。除了准备政策理论外，我们还要了解一些细分的业务知识，如关于×××地区农村基层党建工作，要了解农村党支部在政治建设、思想建设、组织建设、作风建设、纪律建设、制度建设等方面的工作情况，了解"三会一课""第一议题"制度的贯彻落实情况，了解党员组织生活情况等。

大布：明白了。我们是不是还需要准备一份调研提纲？

刘老师：对。这个调研提纲不需要事无巨细，有十个左右的问题就可以了。大布，你列一下问题吧。

大布：好的。

刘老师：小新协助大布，主要负责材料整理、通知联络、财务报账等工作。

小新：好的。

调研活动是一个系统性的工作。除了确定选题和调研方案外，我们还要做好其他相关准备工作，包括政策材料准备、调研提纲设计、人员分工培训等。

一、研究政策业务知识

研究政策业务知识是指调研者需要对本次调研所涉及的政策背景、业务知识、调研对象基本情况、相关资料等进行了解和掌握。

政策理论具有高度的政治站位、宏观的理论视角、扎实的对策思路，是我们做好调查研究的重要指导。之所以要研读政策理论，一方面是它能够给调研活动提供思想指导，提供重要参照；另一方面有助于我们了解政策在贯彻落实中存在的问题隐患，结合调研实际进行综合研判，提出科学对策。政策理论和业务知识是我们调研的主要背景，有利于我们更好地分解调研任务，作出合理规划，推动调研的开展。

⊃ 案例

假设我们的调研主题是"新能源汽车在东郊市的应用"。在调研主题确定后，我们需要了解中央对新能源领域的重要意见、工信部对新能源汽车的相关政策、东郊市政府出台的新能源汽车的推广办法。这些具体政策包含对新能源汽车的定义、种类型号、购车补贴、充电设施建设、环保评测要求、安全保障等。同时，我们也需要了解新能源汽车的供给方相关业务，如新能源汽车厂家分布情况、国内外品牌的进驻情况、新能源汽车的生产加工销售流通的产业链情况。此外，我们可以利用各种资源，如政策文件、行业报告、学术论文和专家访谈等，梳理近期研究成果，围绕调研主题，聚焦重点任务，调整优化既有的调研方案。

研究政策理论可以让我们少走弯路，避免狭隘的经验主义，从而更好地开展调研活动。对任何一个课题的调研都不能因为"多数人的意见"或个别舆论媒体的节奏导向而迷失方向。我们需要做出扎实的文献了解、政策研读、资料整理工作，从而减少信息误判，提高调研的科学性、实效性。

二、准备调研提纲

准备调研提纲是指调研者制作出了解调研对象基本情况的清单式材料。它是开展调研活动的重要步骤。

制定调研提纲可以推动调研者根据领导意图，依据前期制定的调研方案，结合相关政策背景，运用科学的调研方法，提出明晰的调研内容。调研提纲可以指导调研者围绕调研主题开展深入交流，了解实际情况。

调研提纲不等于调研问卷，它是实际调研活动开始前的准备材料。调研提纲不需求大求全，一般列出十条左右即可。调研开始后，如果有定量分析的需要，我们可以根据调研提纲制作出实地调研时使用的调研问卷。调研提纲往往和访谈法相结合，在党政机关调研活动中比较常见。

⊃ 案例

东郊市委办公厅文秘处想要围绕"如何提高文件运转效率"对市委几个主要部门开展调研，调研提纲大致如下。

1. 你们单位是如何保管中央文件的？

2. 机关内部产生的文件是如何进行签批、使用、保管的？

3. 是否有专门的文件保管人员？

4. 对文件保管人员是否进行了专门培训？

5. 在中央文件的使用中是采取一一传阅、专门阅览室阅览还是其他方式？

6. 针对超越级别阅看文件采取了什么措施？

7. 你认为在文件运转方面存在哪些问题？

8. 对本部门的文件运转有哪些意见和建议？

9. 对其他方面有何意见和建议？

调研提纲不是什么神秘高深的材料，它需要我们结合调研主题和实际工作分条列明，有针对性地对被调研者开展沟通询问。

三、人员分工培训

对调研人员进行明确的分工安排，做好相应的学习培训，是提高调研队伍能力水平、推动调研活动有序开展的重要环节。

在人员分工上，我们需要根据人员的职务职级、工作经验、资历年龄、个人特长等情况，进行合理搭配，通过老中青相结合等方式，发挥每个人的能力水平，达到"1+1>2"的效果。例如，部门领导适合负责统筹工作进度、进行上下协调、及时督查检查等工作；有的人擅长数据分析，可以负责调研问卷的设计、收集和分析数据；有的人文稿撰写经验丰富，可以作为调研报告的主笔人，做好资料收集和文稿写作工作。

我们可以对调研者进行适度培训。这里的培训包括调研动员讲话、邀请专家进行调研技术指导、学习使用调研数据、文稿写作能力培训、集中学习研讨等多种内容。例如，我们可以邀请调研经验丰富的同志进行授课交流，学习访谈技巧，包括如何提出合适的问题，如何引导被访谈者提供真实的信息，如何调节谈话氛围等。专业性比较强的调研可以邀请社会学教授或相关技术人员讲解数据分析方法，包括如何使用数据分析工具，如何解读调研数据，如何根据数据进行定量分析等。

在人员分工统筹方面，我们还要注意做好与被调研单位、被调研对象的沟通协调，争取获得对方的支持与配合。赴相关党政机关调研时，有时我们还需要采取公文发函、交换方案、座谈交流等方式，推进调研工作成行。

⊃ 范例

关于请协助做好调研工作的函

江门、阳江、茂名、梅州、河源市生态环境局：

为了解有关地市"十三五"应对气候变化工作及碳强度下降考核相关情况，同时征求对省"十四五"碳强度下降目标指标分解和考核的意见和建议，我厅组织广东省技术经济研究发展中心于 9 月中上旬赴相关地市开展调研，请予协助安排。

一、调研人员

×××　广东省技术经济研究发展中心 所长

×××　广东省技术经济研究发展中心 所长助理

×××　广东省技术经济研究发展中心 工程师

二、调研行程

9 月 4 日上午，梅州市。

9 月 5 日上午，河源市。

9 月 11 日上午，茂名市。

9 月 11 日下午，阳江市。

9 月 12 日上午，江门市。

三、调研内容

调研主要采取座谈会形式，听取市生态环境局及相关市直部门的意见与建议。

（一）地市机构改革应对气候变化的职能设置及人员配备情况。

（二）对有关地市"十三五"碳强度下降目标任务完成情况的分析研判，对省"十四五"碳强度下降目标指标分解的意见建议。

（三）应对气候变化与生态环境部门其他工作统筹融合、协同增效的思路建议。

（四）近期及"十四五"重点项目的建设投产情况。

（五）对省生态环境厅低碳试点示范等工作的意见和建议。

（六）对全省应对气候变化工作的其他意见和建议等。

广东省生态环境厅办公室

2019 年 8 月 30 日

调研前的准备还包括财政保障、应急保障、试验调研等内容。在财政保障方面，我们需要按照"过紧日子"的原则，按照中央八项规定的相关要求，轻车简从，并按照财会制度的规定，做好财务报批、资金使用、报销准备等工作。在应急保障方面，我们要做好调研人员的食宿安排、突发事件应对处理。在试验调研方面，我们可以针对拟定的调研方案、调研提纲问卷，选取少量但有代表性的调研对象作为样本，进行一个初次调研，并通过初次调研的情况修改调研内容、调研提纲、调研地点等方面的瑕疵，完善工作细节。

小结

1. 政策研读需要了解政策理论和业务知识。

2. 调研提纲需要简洁明了，不必求全求大。

3. 调研分工需要考虑个人的能力水平，必要时进行技能培训。

4. 调研前，我们还需要做好财政保障、应急保障、试验调研等工作。

第三章　熟悉调查的方法

熟练掌握调查方法，有利于收集到真实全面的调研材料，进而分析研判，得出科学的调研结论。常用的调查方法包括访谈调查法、问卷调查法、观察调查法、文献调查法、抽样调查法和典型调查法等。

第一节　访谈调查法：鲜活的众生图

第7周工作例会　刘老师小课堂

刘老师：今天主要谈一谈调研方法。我们首先区分一下定性研究和定量研究。大布，你说说二者有什么区别？

大布：定性研究主要是对文字材料进行理解阐释，从而得出结论和规律的过程。定量研究主要是对数据进行量化统计，得出科学结论。

刘老师：好。定性研究是通过分析、归纳等逻辑方法，探究事物的本质规律。定性研究一般不使用统计分析，而是通过文献阅读、实地考察、深入访谈、个案研究等方式来进行，包括访谈法、观察法、文本分析、话语分析等方法。定量研究是通过数理统计方法对调研资料进行分析，得出事物的特征，包括抽样调查法、内容分析法、实验法等。

小新：老师能从调查阶段与研究阶段分别进行方法分类吗？

刘老师：调查方法包括访谈调查法、问卷调查法、观察调查法、文献调查法、抽样调查法、典型调查法等。研究方法则包括比较分析法、综合评价法、矛盾分析法、分类研究法、历史研究法等。

大布：访谈调查法是不是属于比较常用的调研方法？

刘老师：对。访谈调查法是通过与被调研者面对面交流的方式获取信息的方法。通过访谈可以了解基层部门和人民群众的需求，可以说是描绘众生图的重要方式。访谈具有直接性、灵活性、互动性、深入性等特点。大布说说访谈调查法有哪些类型？

大布：好的。访谈调查法可以分为个别访谈和集体访谈，区别在于同一时空下被调研者的人数。

刘老师：很好。访谈也可以分为结构性访谈和非结构性访谈，区别在于调研问题的顺序和提问方式是否固定。小新，你说说访谈需要注意哪些流程？

小新：访谈主要有设计访谈提纲、选择访谈对象、做好访谈记录等流程。

刘老师：非常好。今天就到这里。

访谈调查法是指调研者与受访者通过面对面或电话、网络交谈等方式获取所需信息的调研方法。访谈可以深入了解受访者的观点、态度、行为和经验等信息，因此往往作为定性分析的重要办法。访谈调查法是最常见的调查方法之一。

一、访谈调查法的特征

访谈调查法具有以下三个特征。

一是有针对性。访谈是一种有规划的、有目的的交流，其谈话的内容始终围绕着调研主题来进行。访谈不是日常聊天，其目的是收集数据、分析问题、推动决策。

二是有互动性。访谈调查法以见面交流居多，电话访谈和网络访谈开展得相对较少。通过调研者与被调研者的直接会面沟通，并借助补充提问、随机提问的方式进行前后验证，调研者可以甄别信息，深入了解具体情况，从而减少信息误判。

三是有广泛性。一方面，大多数调研都会使用访谈形式；另一方面，问卷法、会议法等其他调研形式也需要运用访谈调查法验证和补充信息。

二、访谈调查法有哪些类型

根据不同的分类标准，访谈调查法可以分为以下类型。

（一）结构性访谈和非结构性访谈

按照调研者对访谈的控制程度和调研问题的封闭程度，访谈可以分为结构性访谈和非结构性访谈。

结构性访谈也叫封闭式访谈，是指调研者根据事先设定好的有固定格式的标准和内容，按照相同顺序向受访者提出相同问题的访谈。结构性访谈中，受访者主要从已经设计好的备选答案中进行选择和回答问题。这种访谈本质上类似于口头版的问卷调研，可以参考公务员考试中常见的结构化面试，一般设置四五个问题，每位考生的答题顺序不变，都必须从第一个依次答至第五个，考官与考生之间没有太多互动，考官根据固定的考核指标进行打分。

结构性访谈的优点是易于量化，有利于大量信息的收集整理，但是也存在交流不够深入、内容浮于表面、定性分析不够等不足。

非结构性访谈也叫自由式访谈，是指事先不制定完整的调查问卷和提纲，没有规定的访谈程序，而是由调研者按照一个粗糙的线索围绕主题进行交流的访谈。非结构性访谈比较常见。

⊃ 案例

习近平总书记在《努力成为可堪大用能担重任的栋梁之才》一文中指出，现在通信很发达，通过打打电话、发发微信、看看材料也能了解很多情况，但毕竟隔了一层，没有现场看、当面听、直接问和"七嘴八舌"的讨论来得真实鲜活。过去常用的"蹲点调研""解剖麻雀"的调研方式依然是管用的。

非结构性访谈的优点在于能够促进被调研者坦诚轻松地交流，从而更好地推动话题开展，有利于调研者收集到真实、隐蔽的信息，缺点是不好控制谈话节奏。

（二）个别访谈与集体访谈

按照访谈的规模，访谈可以分为个别访谈和团体访谈。

个别访谈是指调研者与被访者通过一对一的面谈方式交流，访谈过程中不受其他人员干扰的访谈方式。

个别访谈由于是一对一当面沟通，被访者的安全感和认同感更强烈，容易表达出真实的看法和感受，调研者获取的信息更深入更全面。个别访谈的不足是需要耗费大量的人力、物力和时间成本，进行资料分析也会占用大量资源。

集体访谈是指访谈者邀请多名被调研对象参与，通过集体座谈交流等方式收集信息的访谈方式。常见的集体访谈包括调查会、座谈会等形式。集体访谈比较常见。

集体访谈的优点是节约时间，能够通过一次访谈接触较多的被调研者，了解情况更便利，调研效率更高，还能够根据多人的充分讨论，集中各方意见，推动科学决策。但是，由于是同时空聚集，被调研者之间由于身份、场合等因素的顾忌，往往存在着报喜不报忧、信息互相干扰、回答有所遮掩等问题。

会议调查法也是访谈调查法的一种。会议调查法即调查者通过召集若干调查对象举行会议或者直接参加部门会议的形式收集资料、分析现象的方法。会议调查法的优点是简便快捷，易于操作。

⊃ 案例

毛泽东同志是我们党内的调研大家，他在《反对本本主义》一文中，专门在第七部分中描述了"调研的技术"，这部分内容可以看作是会议调查法的重要参考。

在调查的技术部分中，毛泽东同志介绍了七个需要注意的问题并分别进行了简要的论述，具体问题如下。

（1）要开调查会做讨论式的调查。

（2）调查会到些什么人？

（3）开调查会人多好还是人少好？

（4）要定调查纲目。

（5）要亲自出马。

（6）要深入。

（7）要自己做记录。

（三）直接访谈与间接访谈

直接访谈是指访谈者与被访谈者通过直接面对面的沟通交流进行数据收集的调研方法。

直接访谈的优点是调研双方充分进行交流，能够观察到双方的行为、表情、神态，有利于高效沟通，纠正偏差，及时答疑解惑，更好地进行信息收集。其缺点是耗费大量的人财物，不适用于样本较大的调研。

间接访谈是指调研者和被调研者约定好时间，通过电话或网络等非见面的通信手段进行的访谈。

间接访谈的优点是方便高效，便捷省事，尤其适合对居住分散、流动性强的被调研者进行访谈。但是，由于受到时空限制等主客观因素影响，间接访谈可能存在回答模糊、敷衍糊弄、收集材料不精准等问题。

三、访谈的操作流程

访谈包括以下三个流程。

（一）做好访谈提纲

访谈提纲是指围绕调查主题，为了了解信息而进行题目设置的调研材料。

访谈提纲包括以下内容。一是调研对象的情况，包括年龄、职业、家庭状况、居住情况、收入水平等；二是调研内容，包括调研者关心的课题的现状、主体差异、阶段特色、存在的问题、形成的原因及对策和建议等；三是追问内容，包括对调研内容的补充询问、变换问法验证被调研者的答案及其他意见和建议等。

访谈提纲的大致框架如下。

1. 你所在的行业是哪个领域？

2. 你从事什么职业？

3. 你的学历水平如何？

4. 你有什么兴趣爱好？

5. 你听说过 ××× 问题吗？

6. 你认为 ××× 问题存在的主要原因是什么？

7. 你认为应该采取哪些措施来解决这个问题？

8. 你认为如果不采取措施，××× 问题未来会怎样发展？

9. 你觉得政府应该采取哪些措施来解决 ××× 问题？

10. 你有什么其他的建议或想法吗？

（二）做好自我介绍

自我介绍的目的是让被调研者减少顾虑，消除生疏感，从而建立起和谐的交流关系。常见的自我介绍包括告知对方自己的身份角色，说明本次调研的主题，告知对方基本的保密要求，从而拉近和对方的距离，推动有效沟通。自我介绍可以参考如下思路。

你好。

我是 ××× 部门调研组的成员，我是主持人 ×××，这几位是我们的同事。

欢迎你来和我们交流研讨。感谢你给我们提供这么一个了解 ××× 的机会，在此非常感谢你能抽出宝贵时间。

在接下来的时间里，我们会用二十分钟左右的时间进行交流。

我们的这次活动会对你的个人信息和谈话内容进行严格保密，调研内容用于数据分析和工作决策，不会影响你的日常工作和生活。

自我介绍应当开门见山，既要说清开展调研活动的缘由，又要保持宽松愉快的交流氛围，避免留下生硬刻板的印象。针对不同工作背景、学历水平、社会地位的被调研者，我们还要学会换位思考，灵活运用调研方法。

（三）把控访谈节奏

第一，聚焦调研主题。调研者要引导被访谈者围绕调研主题多说多谈，表达真实想法。在交流过程中，调研者不要随意打断对方的思路，避免使用批评性、负面性的词汇，减少"答非所问""你没听懂我的问题"之类的表述。对访谈者的答案要保持客观立场，不要进行随意评价。

第二，做好过渡引导。被访谈者出现的明显的偏题、跑题等情况，调研者可以灵活使用一些过渡用语，如"你谈的这个问题非常好。现在我们把刚才的问题再谈一谈"，或者多使用非语言交流形式，如运用点头、微笑等方式表达对问题的重视。同时，调研者要尽量减少出席人员规模，可以采用圆桌会议等方式减少抗拒心理。

第三，做好记录整理。针对表述不清的回答，调研者可以重新提问，进而了解真实的情况，并灵活使用录音设备、速记方法，通过多人参与记录、比对内容等方式，科学地还原被访谈者的真实回答。

小结

1.访谈调查法是指调研者与受访者通过面对面或电话、网络交谈等方式，获取所需信息的调研方法。

2.访谈分为结构性访谈、非结构性访谈等方式。

3.访谈流程包括制作访谈提纲、把控访谈氛围、做好访谈记录等。

第二节　问卷调查法：高效的扫描仪

第8周工作例会　刘老师小课堂

刘老师：今天我们主要讨论问卷调查法。问卷调查法非常常用，如果我们把社会现象理解为文件材料，那么问卷调查法就相当于扫描仪，通过梳理分析，展现高级影像，得出结论。你们两位说说问卷调查法有什么特征？

大布：我觉得第一个特征是效率高，可以同时收集大量的数据；第二个特征是可以进行科学统计；第三个特征是方便被调研者填写。

小新：问卷调查法便于进行定量研究。

刘老师：很好。问卷调研非常普遍，往往会把问卷调查法和访谈调查法结合在一起使用，推进定性研究与定量研究相结合。大布，你说说问卷调查法有哪些类型？

大布：问卷里有选择题和问答题。

刘老师：问卷可以分为封闭式、开放式、混合式问卷，判断依据是题目所给的答案是否封闭受限。

大布、小新：明白了。

刘老师：现在我们来谈谈问卷的主要结构。每份问卷应该有一个简短的引言，解释调研的目的和问卷的使用方法，保证受访者的信息安全。第二部分是主体部分，它包含所有的问题和答案，先从一些简单、不敏感的问题开始，逐渐过渡到复杂、敏感的问题，最后就是结语部分，表示感谢，提供联系方式等。

大布：老师，问卷的设计流程是怎样的呢？

刘老师：设计问卷包括以下步骤。一是明确目标，目标确定了，我们就可以聚焦主题，避免跑题。例如，你想调研农村居民收入问题，就要主要围绕农村区域的农民进行调研，不用考虑城市区域的居民。二是设计问题，问题应该明确、简单、无歧义，并且与研究目标紧密相关。三是编排问卷，我们可以按照事实背景性问题、意见感受性问题、争议敏感性问题进行排序编制，还可以做好问卷测试和修改工作。

小新：也就是说，我们既要获取真实信息，也要考虑受访者的感受。

刘老师：没错。问卷调查还有很多其他注意事项，如题目设置不能太多，需要提前对接沟通，注意做好现场控制等。

一、什么是问卷调查法

问卷调查法也叫书面调查法，是指调研者通过设计、分发、回收、分析问卷，从而获取调查对象的信息的调研方法。问卷调查法适用范围广泛，如市场调查、政策评估、公共意见调查等，它可以进行较大范围的调查，节省人力物力财力，在国际上比较常用。

⊃ 案例

根据中国青年报的报道，2023 年 4 月，中国青年报社社会调查中心联合问卷网对 1 242 名青年进行的一项调查显示，70.2%的受访青年在找工作时会将自由度作为重要择业标准。在工作中被赋予更高的自由度，93.6%的受访青年直言会提高对企业的认同感。

随着互联网时代的发展，线上问卷由于简单易操作，可以快速填写，越来越受青年朋友的喜欢。

问卷调查法的优点有三个：一是效率较高，能够突破时空界限，在较短时间内收集大量调研信息，比访谈调查法更便利；二是控制性强，可以收集的问卷数量较多，便于进行定量研究；三是易于接受，可以通过网络平台、小程序进行线上回答，便于操作。但是，由于会受到主客观因素的影响，网络问卷虽然便利快捷，但是在准确性上很难保证，它可以作为了解情况的重要参考，但不宜单纯据此分析研判，乱下结论。

问卷调查法也有三点不足。一是不够鲜活。由于不是面对面访谈交流，获得的都是书面信息，不够生动具体，难以进行定性研究。二是存在主观性。由于是书面填写，被调研者填写的过程不可控，存在真实性不足的问题。三是问卷回收不好掌控。如果被调研者不愿配合，敷衍塞责，则难以保证回收质量。

二、问卷的主要类型有哪些

调查问卷主要有以下三种类型。

（一）结构式问卷

结构式问卷也叫封闭式问卷，是指每个问题只涉及一个特定主题，并且按照一定的逻辑顺序组织起来，被调研者只需要回答相应的选项即可的问卷。结构式问卷的答案是事先给出的，被调研者只能在备选答案中选择，不能自己补充答案。封闭式问卷一般每个问题会提供两至五项的答案选项，供答题使用。例如，你对×××单位的政务服务水平是否满意，可以设置非常满意、满意、无所谓、不满意、非常不满意五个选项。

◑ 案例

1. 你的文化程度如何？

小学（　）、初中（　）、高中（　）、大学（　）、硕士（　）、博士（　）

2. 你的婚姻状况如何？

未婚（　）、已婚（　）、离异（　）、丧偶（　）

3. 如果已婚已育，你的子女个数是多少？

0个（　）、1个（　）、2个（　）、3个（　）、4个及以上（　）

4. 你每月的读书情况如何？

不读（　）、1本（　）、2本（　）、3本（　）、4本及以上（　）

上述几个问题就属于结构式问卷的类型，被调研者只能从给定的选项或答案中进行选择，不能进行个性化填写。

结构式问卷的优点是答案易于统计和数据分析，缺点是不能反映出受试者的思考过程和语言表达方式。

（二）开放式问卷

开放式问卷又叫非结构式问卷，是指没有固定答案，需要被调研者运用个人语句进行回答的问卷。开发式问卷没有设置答案，被调研者可以结合个人实际情况进行一定程度地自由填写。如果说封闭式问卷是做选择题、判读题，那么开放式问卷则是做简答题、论述题。例如，你对某地实施乡村建设有哪些建议？你对"三孩"政策落实有什么建议？你对青年婚姻中的"彩礼"问题有什么看法？这些都属于开放式问卷。

⊃ 案例

《轮岗交流背景下跨区域协作对教师专业发展的影响与思考——基于对江苏 A 县小学英语教师的开放式问卷调查》[①]一文中提及，为了检测 A 县现存的交流跨区域协作是否真正促进了当地小学英语教师的发展和教育的均衡发展，我们通过 A 县教师发展中心向全市 15 所小学的英语教师发出研究说明函，邀请他们完成一份简单的背景调查和含有 4 个问题的问卷调查，教师自愿参加，通过邮件的方式发给课题研究人员。问卷包括 4 个开放式问题，主要包括以下内容。

1. 影响：教师轮岗交流对英语教师专业发展的影响是积极的还是消极的？（Q1）

2. 挑战：在交流学校对自己的教师专业能力有哪些挑战？（Q2）

3. 变化：交流后教学方法有哪些变化？（Q3）

4. 建议：对现存的交流政策有哪些建议？（Q4）

开放式问卷的优点是可以更好地反映受试者的思考过程和语言表达方式，具有灵活性。其缺点是难以进行数据分析和统计，存在技术性问题。

---

① 载于《黑龙江教师发展学院学报》2021 年第 40 卷第 9 期，第 30 页。

（三）混合式问卷

混合式问卷是指将结构式和开放式问卷相结合的问卷形式。混合式问卷既可以包含一些简单的开放性问题，也可以包含一些需要选择或判断的结构化问题。混合式问卷的优点在于兼顾两种类型问卷的优点，缺点在于难以保证数据的准确性和可靠性。在现实的调研过程中，采取混合式问卷的形式比较多，一般是将封闭式问题前置，在问卷靠后部分设置开放式问题。实际调研中，我们要结合实际，不必被理论分类所束缚。

➲ 链接

"李克特量表"主要目的是测量人们对某一问题或观点的态度和感觉。这种量表通常包含5个或7个可能的回答，对应着参与者对问题或陈述的不同感觉强度，如完全不同意、不同意、中立、同意、完全同意。

这种量表被广泛地应用在社会科学、市场研究等相关领域，用于收集人们态度和感受。它的优点是易于理解，易于回答，同时能提供量化的数据以进行分析。

我们可以参照李克特量表进行问卷设计。例如，关于农村治安问题，我们可以列出"留守老人问题""留守儿童问题"等几个问题，每个问题可以分别给出"非常严重""比较严重""一般""不太严重""不了解""不感兴趣"等几个选项。

三、问卷的基本结构是什么

问卷主要包括四个部分，即标题、引言、主体和结尾。

（一）标题

调查问卷的标题一般就是调研主题。问卷的问题和答案是围绕调研主题即问卷标题进行设置的。标题需要言简意赅，能够说明主题，不要冗长啰唆。例如，《关于东郊市民营企业创新活力的调查报告》就是问卷的标题，下面的问题和答案都要围绕东郊市民营企业的创新活力相关内容进行设置。

（二）引言

引言可以理解为封面信或者指导语，包括问卷调研的目的和意义、介绍调研者情况、承诺个人信息保密、完成问卷填写的相关要求、致谢等基本信息。引言能够说明来意，减少被调研者的戒备心理，从而鼓励受众提供真实反馈。

⊃ 案例

您好：

为了了解东郊市民营企业创新活力的现状，有针对性地提出意见建议，推动市政府制定更加科学精准的惠企政策，我们特进行一次问卷方式的调查。请您根据实际生活中的真实感受，按照答题要求进行填答。您的个人信息我们会予以保密，不会给您带来不便。

我们的题目主要是选择题，请注意看清是单选题还是多选题，另外，最后一部分还有少量题目需要您书写答案。感谢您的大力支持！

东郊市×××局

2023 年 × 月 × 日

（三）主体

主体是调研问卷的主要部分，包含所有问题及其对应的答案。问题可以是封闭性问题（如单选题、多选题）、开放性问题、混合型问题等。

封闭性问题是将一切可能的答案罗列出来，由被调研者自由选择其中的一个或几个答案进行填写。封闭性问题要求被调研者只能从给定的选项中进行答题，不能随意作答。举例如下。

1. 您的职业是_____？

A. 工人　B. 农民　C. 企业家　D. 干部　E. 专业技术人员

F. 公司职员　G. 其他（请写明）

2. 您所在的企业经常进行新产品或服务的研发吗？

A. 经常　B. 比较多　C. 一般　D. 比较少　E. 非常少

开放性问题是指没有预设选项答案，由被调研者根据实际情况和真实感受进行填写的问题。开放性问题给被调研者提供的答题空间比较大，有利于定性研究。举例如下。

1. 请你谈谈民营企业在公司领导层治理方面存在哪些不足。

2. 你认为民营企业需要在哪些方面得到政府的更大支持？

3. 如果你是政策决策人员，你觉得应该怎样解决这类问题？

混合型问题是指将封闭性问题和开放性问题进行结合设置的问题。

（四）结尾

结尾部分可以对被调研者表示感谢，或请被调研者填写问卷过程中出现的问题或疑虑，注意留下调研部门或人员的联系方式。举例如下。

您提供的所有信息都将严格保密，只用于统计和研究目的。如果您对我们本次调研内容有相关的意见和建议，可以留言记录。此外，如果您有其他的意见和建议，也可以联系我们。我们的邮箱是 ×××@163.com，联系电话是 ×××××××。

四、问卷的设计流程

在设计问卷时，我们需要考虑以下三个要素。

（一）注意整体框架

问卷设计需要有系统的通盘考虑。我们需要先确定好调研主题，找出中心概念，再将中心概念分解成若干子概念，逐渐把抽象问题转化为具体问题，把理论性问题转化为操作性问题，即一个个问答题目。

我们需要根据主题合理设置概念，对主题概念进行分类拆解。如"企业管理人员"这一概念，可以细分为国有企业管理人员、民营企业管理人员、个体工商户等子概念，再进一步对他们的基本情况进行了解，包括性别、年龄、学历水平等。

（二）做好问题设计

设置问题需要把握三个原则。

第一，问题要具有明确性。我们要避免提出模糊或者诱导性的问题。例如，"吸烟有害健康，你认为应该采取禁烟措施吗"就包含诱导性内容。

第二，问题要具有简洁性。我们要避免复杂或难以理解的语言，尽量设置简单直接的问题，少使用专业性、学术性词。例如，"你认为企业家需要具备哪些素质？ A. 克里斯马型人格；B. 科层制管理水平；C. 创新能力强；D. 强大的心理承受能力；E. 其他能力"，这里的前两个选项就属于专业性词汇。

第三，问题要具有相关性。问题的设置要直接关联到研究主题、研究目标，不要设置无关问题。

不同类型的问题要注意区分其特征。封闭式问题要注意答案设置的穷尽性和互斥性。穷尽性指的是要包括所有可能的情况，为了兜底，可以加上"其他"选项。互斥性指的是问题的每一个答案都各自独立、不存在交叉信息。例如，"你所从事的职业是什么"，如果选项里有农民、农民工，二者之间存在交叉，就违反了互斥性原则。封闭性问题一般需要提供四个以上的选项，常见的是以选择题的形式出现。开放性问题不需要设置答案。

（三）做好问卷编排

问卷的编排是指问卷的结构、题目顺序的科学合理排布。常见的排列方式有以下几种。

第一，按难易程度排列。我们可以按照先易后难的顺序进行问题排序，从简单、不敏感的问题开始，逐渐过渡到复杂、敏感的问题。这样排列可以获得受访者的信任，使他们更愿意完成问卷。问题还可以按照事实性问题、意见性问题、困窘敏感性问题的思路进行排序。

困窘敏感性问题可以变换提问方式。一是借助他人角度，如"有人认为×××比较合理，你同他们的看法是否一致"；二是假设一个前提，如"如果×××行为不会受到法律追究，你是否能够接受该做法"；三是表述更加委婉，如"在政府治理工作方面，你认为哪些方面最需要加强"。

第二，按事理逻辑排列。我们可以按照事物发生、发展的逻辑设置问题，提高问卷的严谨性，如按照×××现象的现状、存在的问题、解决的建议三个层面进行问题设置。

第三，按时间顺序排列。我们可以按照社会现象的过去、现在、将来的时间顺序进行问题排列。采用时间排序时，题目的发生顺序要具有阶段性、渐进性，不能来回跨越、颠倒顺序。

五、问卷调查法的注意事项

第一，做好题目设置。题目数量以二三十个左右为宜，被调研者能够在 30 分钟内答完题。题目类型上需要封闭式和开放式并存，以封闭式问题为主。

第二，注意贴近实际。必要时，调研者可以征求专家的意见，开展试调研，充分保证调研问题和答案设置科学。例如，为了调研一线城市企业职工的收入水平，调研者不能盲目地把三、四线城市企业职工的收入作为答案选项，而要拉大每个选项的数值差距，可以考虑将"五千元以下""五千至一万元""一万至两万元""两万至五万元""五万元以上"作为必要选项。

第三，做好前期准备。调研期间，调研者可以将调研对象召集到某一地点或调研者到被调研单位开展调研，一般以后者居多。这就需要提前协调被调研单位，准备好调查问卷、音像设备等物品。

第四，注意现场把控。发放问卷时，调研者要进行简短的课题介绍，以获得被调研者的尊重信任。被调研者提出的问题要及时做好回应。

小结

1. 问卷调研具有效率高、好控制、易接受等优点。

2. 调查问卷分为封闭式问卷、开放式问卷、混合式问卷。

3. 问卷的基本结构包括标题、引言、问题和答案、结尾。

4. 问卷的设计需要注意整体框架、做好问题设计、做好题目顺序编排等内容。

⊃ 案例

广东省江门市政务公开满意度调查问卷

1. 请问您是不是本地人？

是；否

2. 请问您的年龄？

18 岁以下；18 ~ 23 岁；23 ~ 45 岁；45 岁以上

3. 请问您的职业？

党政机关工作人员；事业单位工作人员；企业工作人员；学生；退休人员；自由职业者

4. 请问您通过什么方式获取江门市工业和信息化局政府公开信息？

单位门户网站；政府网站；政府信息公开指南；新媒体；其他

5. 请问您通过江门市工业和信息化局政府公开方式查阅什么内容？

申请通知公告；企业政策文件；依法行政情况；结果公示公

告；人事信息更新；部门预决算情况；其他

6.您对江门市工业和信息化局政务公开的整体形象评价是：

非常满意；满意；一般满意；不太满意

7.您对江门市工业和信息化局政府公开全面性的满意程度是：

非常满意；满意；一般满意；不太满意

8.您对江门市工业和信息化局政务公开信息及时性的满意程度是：

非常满意；满意；一般满意；不太满意

9.您对江门市工业和信息化局政府信息公开透明度的满意程度是：

非常满意；满意；一般满意；不太满意

10.您对江门市工业和信息化局政府信息公开的信息准确性的满意程度是：

非常满意；满意；一般满意；不太满意

11.您以后是否会继续关注江门市工业和信息化局政府公开服务工作？

是；否

12.您对江门市工业和信息化局以后政府公开信息有什么改进意见？

第三节　观察调查法：放大的显微镜

第9周工作例会　刘老师小课堂

刘老师：今天我们来讨论观察调查法。观察调查法是通过直接观察、感知等方式，客观记录和解释社会现象的调研方法。它对理解研究对象的行为和环境非常有用。

大布：观察调查法有什么优点呢？

刘老师：观察调查法就像放大的显微镜，可以更加细致直观地了解调查对象。观察调查法有直接接触对象、立场相对客观、一手资料丰富等优点。它不需要被研究对象的自述或表达，容易了解到细节。

小新：老师，观察调查法有哪些类型呢？

刘老师：观察调查法主要有直接观察与间接观察、结构性观察与非结构性观察、参与式观察和非参与式观察几种类型。

小新：明白了。

刘老师：你们说说在进行观察研究时，具体的操作流程是什么样的？

大布：首先，明确研究目标，确定要观察什么人，在哪里观察，观察什么行为；其次要制订观察计划，做好人财物各项准备；最后，进行实地观察，记录数据。

小新：还需要提前和被调研对象所在地区或单位进行沟通，减少对方的紧张感。

刘老师：非常好。在实地观察中，我们也需要注意一些事项。例如，不要让自己的主观情绪和观点影响观察结果；要尊重被研究对象的隐私，减少对他们的干扰；要对观察的数据进行多次核查，保证数据准确。

大布：观察调查法也有一些不足吧？

刘老师：观察调查法不适用于大规模调研，一方面是观察调查法需耗费大量人、财、物，成本较高，另一方面是观察调查法容易受到观察对象的主观情绪影响。再有，由于社会活动错综复杂，观察容易被突发事件所阻断。还有什么问题吗？

大布、小新：没有了。

一、什么是观察调查法

观察调查法也叫实地观察法，是指调研者基于现场的直接观察，收集调研对象具体信息的调研方法。这种方法强调对研究对象进行直接和系统地观察，以获得第一手的原始数据。观察调查法不是对调研对象进行访谈，而是通过直观观察或者借助音像器材进行观察记录，所获取的信息更直观、更原始。

⊃ 案例

为了了解东郊市城市绿心公园的使用情况，调研者可能需要在公园中驻留一段时间进行直接观察，看看市民或者游客在什么时间来公园，他们在公园里做些什么，公园服务方是否认真进行服务，公园管理方是否履行监管职责，公园的设施是否得到有效利用。

开展实地观察，调研者需要明确目标，聚焦重点人群；需要做好观察规划和日志记录，有序推进；需要客观真实记录信息，避免人为干扰。

二、观察调查法有哪些特征

观察调查法具有以下主要特征。

第一，直接性。这种方法不依赖于被研究对象的自我陈述，也不需要他人的描述，而是直接观察研究对象的行为或现象。因此，它能够提供最直接、最真实的数据，减少对信息的二次处理和解释带来的偏差。

第二，目的性。调研者在开展实地观察前需要明确本次调查的目的，制作计划表或观察表，在实地观察现场还需要做好客观记录。被观察对象不受观察者的影响，按照既往的行为习惯进行生产、生活。

第三，单方性。实地观察中，调研者与被调研者没有密切互动，观察活动往往是调研者的单方行为，不需要双方对调研问题进行沟通交流。

第四，工具性。观察调查法不仅需要调研者根据感官器官进行了观察、记录，也需要运用摄像机、录音机、照相机、望远镜等音像设备进行观察，从而起到置身事外又身在其中的效果。

观察调查法有很多优点。首先，它可以帮助我们更好地了解现象的真实情况，减少二手信息的干扰。其次，通过对现象的直接观察，我们可以发现一些可能被忽视的细节，从而更好了解事物的发生发展过程。最后，通过直接观察，有利于我们了解社会现状，及时解决问题，推动科学决策。

观察调查法也有其局限性。一是受到时空限制，超越了一定时空范围的现象很难被观察到。二是受到观察者能力限制，包括感官能力限制及技术设备故障限制，未必能观察到社会现象的全貌。三是存在偶然因素。观察者往往看到的是偶然、表面的现象，很难了解社会现象背后的运行规律。

三、观察调查法有哪些类型

观察调查法可以分为以下类型。

（一）直接观察与间接观察

根据观察者和观察对象之间是否直接接触，观察调查法可以分为直接观察和间接观察。

直接观察是指观察者凭借眼睛、耳朵等感觉器官直接对观察对象进行感受观察的方法。直接观察由于直接接触观察对象，可以随时开展，方便快捷，具有更强的现实感和直观感，但是往往观察得不够宏观全面，准确度不够。

⊃ 案例

调研者如果要调查工人的工作状况，可能会在工厂里直接观察工人的活动，记录他们的行为，这就是直接观察。研究者为了更深入地了解教师的教学效果，可能会亲自进入教室，成为课堂的一部分，观察学生和老师的互动，这也是直接观察。

间接观察是指不直接接触观察对象，而是运用其他方法观察观察对象的方法。间接观察不直接接触观察对象，可以用更广阔的时空视野进行观察，但是缺乏现实感。

⊃ 案例

为了了解东郊市交通拥堵情况，调研者可能会使用城市的交通监控系统，通过监控录像观察交通拥堵情况，这就是间接观察。一个公司为了了解用户对其网站的使用情况，可以通过网站的后台数据观察用户的浏览行为，这也是间接观察。

（二）结构性观察与非结构性观察

根据观察的过程是否有预定的、结构化的计划和格式，观察调查法可以分为结构性观察和非结构性观察。

结构性观察是指观察者在预先设定的指标和格式下进行的观察方法。研究者在观察前就明确了要观察的行为或现象，设定了观察的内容和方式，并制定了详细的记录表格或编码系统来收集和记录数据。结构性观察的优点是可以收集到精确且量化的数据，适合进行统计分析。但是，它可能会忽视一些未被预先设定的、重要的信息。

◯ 案例

社区康养人员可以预先设定好观察社区老人运动活动的频率、时长、种类、方式等指标，在观察过程中按照这些指标记录数据，从而得出老人运动的基本情况。

非结构性观察是指调研者没有预设的指标和格式，不限制观察范围和程序，依照现场实际情况尽可能全面地收集信息的观察方法。非结构性观察的优点是可以收集到更全面、更详细、更加灵活的信息，有助于深入理解被观察者的行为和所处的环境。但是，这种方法收集的数据一般更主观，分析和解释的难度也较大。

◯ 案例

社会学家去公园观察人们的日常活动，不仅可以记录人们的运动活动，还可能记录他们交流、休息、观察环境等各种行为，并对这些行为背后的社会和文化意义进行分析。

（三）参与式观察与非参与式观察

根据调研者参与观察活动的深入程度，观察调查法可以分为参与式观察和非参与式观察。

参与式观察是指观察者融入被观察者群体中，深入理解和体验被观察者的经历和观点的观察方法。调研者有时需要进行身份伪装，从而获得直观的信息。参与式观察可以获取到一手的、深入的数据，但可能会受到观察者的主观思想的影响。

⊃ 案例

调研者为了了解环保活动的组织和执行情况，可以选择加入一个环保组织或充当该组织的志愿者，参与他们的各项活动，如气候治理、支教支农、爱心服务等，以此更深入地了解环保活动的各个环节和参与者的行为习惯。

非参与式观察是指观察者只是作为旁观者的身份对观察对象进行观察，不参与被观察者的活动。这种观察需要与被观察者保持一定的距离，从而客观地记录被观察者的情况。非参与式观察的数据通常更客观，但可能无法深入了解被观察者的内心感受。

⊃ 案例

调研者想了解消费者在商店里的购物行为，他可能会选择在商店记录消费者的购物路径、停留时间、与商品的互动等信息。这种观察不需要调研者参与到购物活动中，他只需要在一旁观察、记录即可。

四、观察调查法的操作流程

观察调查法通常包括以下三个步骤。

（一）做好观察准备

首先是明确目标。根据工作安排和调研者的规划，明确要观察的对象、现象和行为。其次是制订计划。根据调研目标设计好观察方案，确定观察的方式、方法、时间、地点等。再次是技术准备。除了感官观察，调研者还需要准备好相应的影像设备，及时检查安装，熟悉操作办法。最后，调研者还要准备好观察日志、记录表格，及时记录，做好信息的收集和整理工作。

（二）进行现场观察

首先是获得观察对象的信任。调研者进入现场需要获得同意，可以通过单位证明、熟人介绍、深入沟通等方式，尽快进入观察现场。其次是及时观察记录。从观察方面来说，调研需要结合实际情况灵活开展，不必拘泥于既有计划。调研者在观察的过程中需要边观察边思考，通过各种渠道佐证信息。从记录方面来说，调研者需要做好手工记录，把重要信息记录在表格或卡片上，还要熟练使用录像机、录音机等设备，注意方式方法，减少观察对象的疑虑和担心。最后，调研者还可以采取事后追记的方式进行记录，但是效果可能会打折扣。

（三）数据处理分析

实地观察结束后，调研者要对数据进行处理，包括对观察结果进行整理、分类和编码，将观察数据转化为可以进行统计分析的数据。此外，调研者还要做好对处理后的数据的分析工作，解释观察结果，从而得出结论。

五、观察调查法的注意事项

第一，选好观察对象。只有选好典型对象、典型环境，才可能得出重要结论。此外，调研者还需要把握好时机，注意在合适的时间、地点进行观察。

第二，尊重研究伦理。在进行观察时，调研者应尊重被观察对象的权利和利益，尊重当地的风俗习惯，不要介入观察对象之间的纠纷。

第三，控制主观偏差。调研者应尽可能保持客观，要控制自己的观察行为，不要让观察对象感到不适，避免自己的主观感受影响观察结果。

第四，注意记录总结。调研者要完善记录的方式和方法，及时捕捉重要信息，在观察中注意思考、比较和总结。

小结

1. 观察调查法是基于现场直接观察，收集调研对象信息的调研方法。

2. 观察调查法具有直接性、目的性、单方性、工具性的特征。

3. 观察调查包括直接观察与间接观察、结构性观察与非结构性观察、参与性观察与非参与性观察等类型。

4. 运用观察调查法需要注意把握前期准备、现场观察、数据处理分析等流程。

第四节　文献调查法：悠久的挖矿机

第 10 周工作例会　刘老师小课堂

刘老师：今天我们谈谈文献调查法，实际上这个方法我们在事前准备阶段就已经开始使用了。文献调查法是指通过搜集、分析既有的文献资料从而获取信息的调查方法。我们可以把浩瀚的文献理解为矿藏资源，文献调查法则是根据调研主题，有针对性地挖掘历史资源，类似于挖矿机。两位谈谈这种调研方法有什么特征？

大布：一个特征是比较经济方便，不需要亲自去收集原始数据；另一个特征是覆盖面广，我们可以通过阅读不同的文献了解到不同地区、不同群体的情况。

小新：还有一个特征是具有客观性，收集的信息资料都来自历史文献，不容易受到个人主观思想的影响。

刘老师：说得都很好。下面我们说说怎么去挖掘文献材料？图书馆就是很好的资源库，我们可以找到大量的书籍和报刊资料。互联网也是重要的信息来源，我们可以通过搜索引擎查找相关的论文、报告和新闻等。

大布：这种调查方法也存在瑕疵吧？我们不能总被过去的文献困住，还得结合实际情况开展工作。

刘老师：对，文献调查法是调研活动的前置条件，是一个准备过程。

小新：运用文献调查法需要注意哪些细节呢？

刘老师：首先，我们要根据调研主题来选择文献，要有重点方向。其次，我们需要注重文献的质量，要选择权威、可靠的文献。最后，我们需要整理和分析文献中的信息，形成自己的观点和结论。

大布：也就是说，文献调查也有局限性。文献中的信息可能过时，我们需要通过其他方式来验证信息的准确性。不是所有的文献都是可靠的，我们需要客观分析。

刘老师：非常好。针对每一份文献，我们可以思考一下这个观点有什么依据，这个结论是怎么得出来的，这个信息对我们的调研有什么帮助。这样我们才能从文献中获取真正有价值的信息。

大布、小新：好的。

一、文献调查法的定义

文献调查法也叫历史文献法，是指通过对已有文献资料进行收集、分析，探索与调研主题相关的内容的调查方法。文献资料既包括档案、古籍、文件、年鉴、论著、新闻、笔记、信件、图片、手迹等文本资料，也包括录音录像、光盘等电子资料。

按照承载形式，文献可以分为文字文献、数字文献、音像文献。文字文献是指用文字形式记载的文献材料，包括出版物、档案、个人文献等。数字文献是指用数据、表格等形式记载的文献材料，包括统计报表、统计年报、统计年鉴等。音像文献是指通过图像、有声文献等形式记载的文献材料，包括影视、录像、图片、照片、录音磁带等。

文献调研是正式调研的先导，不能作为调研的结论依据，但是具有重要方向性和参考性意义。通常，在调研活动正式开始前，我们都需要进行文献调研，进行政策准备，收集既有信息，预判问题，提供研究方向。

➲ 案例

例如，东郊市卫健委在筹划一项关于老龄化问题的调研活动时，调研者可能会查阅中央关于老龄化的政策法规、本市的配套政策、国内外的老龄化政策、其他地区的先进经验做法、相关老龄化影响的调研报告和学术论文等资料，收集各方面的信息和观点，为自己的调研活动提供坚实的理论基础，明确目前的问题短板，推动调研工作的开展。

二、文献调查法有哪些特征

文献调查法广泛存在于各类调研活动之中，是不可或缺的重要调研方法。它具有以下四个特征。

（一）系统性

文献调查法可以系统地收集和了解某一主题的重要信息。通过文献调查，我们可以了解某类主题的来龙去脉，了解过去的研究成果和存在的问题，初步预判可能存在的问题和解决办法。

➲ 案例

例如，东郊市要对农村环境污染情况进行调研，可以通过查阅环境科学的专业书籍、相关政策法规、国内以往的环境研究报告、既有的档案资料等，从不同的角度了解农村环境污染的现状、成因、影响和解决策略。

（二）间接性

由于不是直接和被调研者接触，文献调查所研究的对象多数是间接的第二手资料，主要是书面文献材料。被调研的资料不会受外界所影响，调研者也不会被文献资料所束缚，具有相对客观性，但同时也存在局限性，即文献资料不能进行回应，因此很难进行个性分析，调研的灵活性不够。

（三）便利性

查阅文献可以高效地获取大量已有的研究结果和数据，节省时间和资源。例如，当需要了解东郊市小微企业发展现状时，通过文献调查法，我们可以快速获取国内外的相关研究成果，而不需要自己再去进行现场调研和数据收集，从而对问题有初步的理论判断。

（四）广泛性

多数的调研领域都有丰富的文献资料可供参考，尤其是在我国这样历史悠久、文化资料多样的国家里。例如，要研究东郊市的交通拥堵问题，我们可以查阅城市规划书籍、交通研究报告、城市交通管理政策等，这些都可以作为文献调研的资源。

文献调研的优点明显，具体包括以下三个。一是资料固定。文献材料已经存在一段时间，不会受到调研者的影响，具有相对客观性和稳定性。二是来源广泛。调研者可以通过非实地观察等方法，了解过去开展的调研活动或相关政策文件资料，掌握相关主题的重要信息。三是相对便捷。由于数字化和信息化的发展，除了一些纸质书面的文献资料需要去图书馆、档案馆等场馆进行收集，很多文献资料可以通过数字图书馆、互联网、网盘等渠道获取。

文献调研的缺点也很明显，具体包括以下三个。一是真实性有待考证。受到作者的主观意图及当时的客观因素的影响，很难绝对保证文献资料是完全客观科学的，需要进行甄别、比较、核对。二是获取渠道有局限性。涉密文件材料、内部文件材料、历史档案，往往很难短期内接触到，需要通过审批等方式接触。三是存在信息差。文献一旦产生，也就成为了历史。对于当下变化迅速的时代，单纯依靠既往的文献材料容易存在信息偏差问题。这就需要我们通过实地调研、现场调研等方式来弥补。

三、文献调查法的调研渠道有哪些

（一）从公文材料中调研

党政机关和企事业单位的正常运转都离不开公文。开展调研活动，首要的是明确调研主题，进而需要收集了解相关的公文材料。具体的公文材料包括上级材料、本级材料、下级材料。

吃透上级材料可以理解为对上级的政策法规、规章制度、意见办法等进行研读了解。一般的中央文件主要指的是党中央、国务院出台的政策文件，广义上也可以延伸到中办、国办以及其他部委的政策文件。

把握本级材料可以理解为对本地区本部门本单位的文件材料进行收集研判。本级公文材料与本部门的业务工作密切相关，是本部门的工作职责、主要业务、工作特点、历史情况的鲜明体现，也是指导本部门进行调查研究的重要依据和直接参考材料。

收集下级材料可以理解为对系统内的直属部门、基层单位的公文材料进行收集。党政机关实行的是条块分割的管理体系，行业系统内部是上级指导下级的关系。下级部门接触基层情况更直接，掌握的情况更细致。下级机关或部门既有的政策办法、出台举措、典型做法、调研材料、整改清单，都可以作为文献调研的重要材料来源。

通过上下沟通、左右协调，我们能够了解到基础性的信息，从而更加精准地推动调研工作的开展。如果调研课题已经在系统内开展过并已形成很好的整改办法、工作制度、工作流程，我们就要考虑本次的调研课题或调研方向是否科学、适时，避免"翻烧饼""炒冷饭"，要重视调研活动的创新性，减少人财物的浪费。

（二）从论著报刊中调研

论著报刊是体现个人或集体的知识成果的文献资料。这类文献资料是进行理论溯源、获取深度知识、了解学术前沿的重要渠道，具有标识性。论著报刊类文献包含的种类比较丰富。

理论著作是重要的资料来源。理论著作具有历久弥新的生命力，是前人的思想智慧的总结。

期刊论文也是重要的文献来源。通过期刊论文，我们可以了解某个调研领域最新的学术成果，能够初步了解调研主题相关的现状、开展的措施、主要成就、存在不足和建议。

报纸杂志也是获取信息的重要渠道，往往能够提供最新的时政消息和国际大势，尤其是官方主流媒体提供的信息具有权威性、准确性等特点，需要及时浏览。《人民日报》《光明日报》《经济日报》《求是》这"三报一刊"是获取时政消息的重要渠道。

（三）运用互联网进行调研

互联网时代要求我们发挥数字化资源的优势，突破图书馆、阅览室等传统场地的局限，运用网络资源收集相关调研信息。

互联网调研具有低成本、速度快、信息广、不受时空限制等特点。数字化资源种类丰富，包括电子图书、在线数据库、专业网站等。

⊃ 案例

当我们要对东郊市食品安全问题进行调研时，我们可以通过百度、搜狗等搜索引擎，根据"食品安全调研"等关键词查找在线的食品安全数据，了解相关的食品安全事件、法规政策、调研报告等材料，并及时下载保存，做好信息收集。

运用互联网进行调研时，我们需要注意进行筛选加工。

第一，聚焦调研主题。互联网承载着海量信息，并且进行不断更新。调研工作需要围绕调研主题进行搜寻，减少无关信息的干扰。

第二，注意筛选甄别。互联网信息不能盲目采用，需要按照权威性、专业性、广泛性等标准，分清信息源头，尽量选取科学真实的文献材料。

第三，做好分类整合。收集的互联网文献可以按照政策文件类、工作实践类、调研报告类等分类方式，分别保存在对应的文件夹，也可以对文献材料进行内容优化，形成系统性资料，便于调研前的方案设计、调研地点选择、调研方式的确定等工作开展，也可为事后撰写调研报告提供重要参考。

四、文献调查法的注意事项

第一，紧扣调研主题。我们要围绕调研选题查阅、收集文献材料，不能漫无目的地搜索材料。

第二，选择权威资料。权威的文献材料需要我们重点关注。常见的权威文献材料一般是指党政机关、专业机构、科研院所、知名学者署名或保存的文献材料。例如，国家统计局开展全面调研后形成的统计年鉴、普查数据，就属于官方的权威文献数据。

第三，聚焦原始文献。原始文献资料要比加工过的文献资料更加直接可靠，是我们进行资料收集的重要来源。我们要注意查找文献的最初来源，进行甄别比较，减少信息误判。

第四，注意辩证看待。在阅读文献时，我们要有独立思考的能力，不能盲目接受文献中的信息，不能被文献材料束缚住，让文献成为实地调研的"绊脚石"。

小结

1.文献调查法是先行性调研，一般是指在正式调研前进行的文献收集和研判，从而推动科学选题和调研实施。

2.文献调查法具有系统性、间接性、便利性、广泛性的特征。

3.文献调查的渠道包括公文材料调研、论著报刊调研、互联网调研等。

4.文献调查法的注意事项有四点：一是紧扣调研主题；二是选择权威资料；三是聚焦原始文献；四是注意辩证看待。

第五节　其他类：调查的补充剂

第11周工作例会　刘老师小课堂

刘老师：调查方法有十多种，我们没必要全都掌握，了解几个常用方法就行。前面集中介绍了四种常见的调查方法，今天我们再简单介绍一下抽样调查和典型调查。

大布、小新：好的，刘老师。

刘老师：抽样调查就是在全部调研对象中抽取一部分作为样本进行调查，根据样本的结果推断全体的状况。小新，你说说这种方法有什么优点？

小新：第一个是节省资源，节省人力和时间，毕竟不用调查所有对象。第二个是方便收集和分析数据。

　　刘老师：很好。如果设计科学，这种方法的结论更可靠，更站得住脚。大布，你说说抽样调查有哪些注意事项？

　　大布：抽样调查的核心在于如何选择样本。我们需要掌握一些抽样技术，并且需要根据调研需求灵活运用，不能死板。

　　刘老师：非常好。现在我简单说说典型调查。典型调查是指选择具有代表性的个体或群体进行深入调查研究的方法。小新，你说说它有哪些优点？

　　小新：典型调查主要是定性分析，它的优点是贴近基层，靠近实际，深入群众，可以发现更深入的问题。

　　刘老师：说得很全面。那么，这种典型调查中的"典型"怎么确定呢？

　　大布：可以是表现优秀的人物、事迹、好做法、好经验。我们在工作中也常说优秀典型。

　　小新：我觉得也可以包括存在的问题，这样是不是更全面？

　　刘老师：将你们两个人的回答结合起来就好了。典型不一定是优秀代表。先进的、一般的、落后的对象，都可以用来进行调研。

　　小新：明白了。

　　刘老师：我再来谈谈这两种调查方式的开展流程。抽样调查的流程包括确定调研目标、确定样本、设计问卷、进行调查、收集数据和分析数据等环节。典型调查的流程包括确定调研目标、确定典型对象、设计调查方案、进行深入调查、收集和分析数据、提出解决方案等环节。

大布：二者有相通之处，都需要做好准备、做好方案、做好数据信息的收集和整理。

刘老师：很好。那今天就到这里吧。

访谈调查法、问卷调查法、观察调查法和文献调查法都是党政机关和企事业单位经常采用的调查方法，往往需要结合起来使用。此外，还有其他一些调查方法也常被用来进行材料收集和信息汇总。这节我们简要地介绍一下抽样调查法和典型调查法。

一、抽样调查法

（一）什么是抽样调查

抽样调查是指通过从总体中抽取一部分样本进行统计分析，根据样本的结果推断总体的特性。抽样调查是相对于普遍调查（如全国人口普查）来说的，抽样调查往往用于非统计部门开展的调研工作，针对的是总体较大、个体单位较多的调查对象。

抽样调查一般和问卷调查结合在一起使用，是学术研究中较常用的调查方法。该方法被认为是最有科学依据的调研方法，可以节省资源，提高调研效率。

（二）抽样调查法的特征

抽样调查法有以下三个特征。

一是代表性强。通过随机抽样，总体中每个单位被抽取的机会是均等的，可以确保样本具有代表性。

⊃ 案例

为了了解东郊市民营企业的技能需求，调研者可能无法对所有的民营企业进行调研。在这种情况下，调研者要首先通过从信息部门了解相关信息等方式，把全市所有的民营企业纳入调研总体。接下来，调研者可以使用抽样调查法，根据农业、化工、机械、制造、建筑、交通运输、信息传输、批发零售等部门将全市所有民营企业进行分类，在每一个部门中抽取一部分企业作为样本，然后根据这些样本的调研结果，推断全市民营企业的技能需求，从而形成针对性的对策。

二是推断性强。样本的抽取不是随意的主观个人挑选，而是通过对样本的分析研究，从而推断总体的特性。由于没有对全体对象进行调查，因此抽样调查的结论是一种推断性的、盖然性的结论，虽然能够基本反映真实情况，但并非真实情况的全部。

三是误差性小。抽样的样本数是根据数学原理确定的，在可控范围内，调查结论的准确性比较高。抽样规模的大小往往反映出不同的抽样结果。我们需要考虑对抽样样本的控制，样本过大的话，需要调动的人力、物力、财力过大，样本过小的话，反映不了整体的真实情况。

（三）抽样调查法的类型

抽样调查法可以分为随机抽样和非随机抽样。

1.随机抽样

随机抽样是指调查对象总体中每个部分都有同等被抽中的可能，是一种完全依照机会均等原则进行的抽样。随机抽样中，每个单位被选中的机会相同。随机抽样包括以下四种类型。

（1）简单随机抽样。简单随机抽样先对总体进行编制抽样框，再对每个抽样单位编号，建立随机抽样表，最后从任一个位置开始随机确定样本，直至抽满样本数。简单随机抽样一般采用抽签法，适用于易获取、总体不是特别大的对象。

简单随机抽样是最常用的抽样方法。抽球游戏、抽签桌游、抓阄游戏都属于简单随机抽样。结构化面试中考生的入场顺序也是根据入场前抓阄抽到的结果决定的，也属于简单随机抽样。

（2）等距随机抽样。等距随机抽样也叫系统随机抽样，指的是每隔一定数目或距离抽出一个样本单位。等距随机抽样的前提是总体中各单位具有同质性、系统性的特点。

⊃ 案例

假设我们要从一个快递公司全部2 000个快递人员中抽取100个快递人员作为样本，了解快递人员的工资收入情况。我们可以按照花名册将 2 000 个快递人员编为 2 000 个号码，确定好 20 这个抽样距离，随机抽取一个数字作为起点，如抽到的是 18，每 20 个抽取出来，即 18，38，58……直至抽满 100 个样本为止。

（3）分层随机抽样。分层随机抽样也叫类型随机抽样，是指将总体分为同质不重叠的若干层次，再从每层中独立抽取样本。也就是说，该抽样中每层抽取的样本数不一致，是不等概率抽样。分层抽样适用于个体差异较大、数量较多的情况。

⊃ 案例

假设我们想调研东郊市的医疗服务单位，由于每个区县的医疗服务单位数量都不同，并且数量差别较大，这就需要对医疗服务单位较多的地区进行抽样的比例高一些、样本多一些，对医疗服务单位较少的地区进行抽样的比例低一些、样本少一些。

（4）整群抽样。整群抽样是指将总体分为若干群体，然后抽取其中几个群体作为样本，再对样本群体进行调查的形式。

⊃ 案例

假设我们想了解东郊市居民关于辅助生殖技术的认可度问题，我们首先需要对东郊市所有的社区、村庄进行随机抽样，如抽出 20 个社区或村庄，再对这 20 个社区或村庄的所有适龄居民进行调查。

2. 非随机抽样

非随机抽样是指靠人的主观判断或经验进行的抽样，包括偶遇抽样、判断抽样、等额抽样、滚雪球抽样。由于这种方式主观随意性比较大，我们不做具体介绍。

（四）抽样调研法的操作流程

抽样调查法的操作流程通常包括以下五个步骤。

1. 确定调研总体

确定调研总体是指抽样调研的总体范围和定义。我们需要根据调研目的科学地确定好调研总体。只有确定好了调研总体的范围、边界，才有可能抽出有代表性的样本。

2. 确定抽样框

抽样框就是供抽样所用的所有抽样单元的名单或排序编号，是抽样总体的具体表现。我们可以通过抽样框把总体数据编织成抽样的框表，方便进行抽样操作。

常用的抽样框有名录框，如企业名录、电话簿、人员名册等。抽样框一般等于总体，但是不一定完全一致，由于统计需要或客观条件等因素，可能略小于实际生活中的总体。

3. 确定样本规模和抽样单位

我们要根据研究目的和资源限制确定需要抽取的样本数量。样本规模可以占抽样框规模的 1% ~ 5%，具体要结合实际进行确定。例如，我们要从 10 000 名公务员名单中抽出 50 名组成样本，则 10 000 名公务员的名单就是抽样框，要抽取的 50 名公务员就是样本规模。

抽样单位即总体中每一个最基本的抽样对象。抽样单位可以是一个人、一个单位、一个部门、一个地区、一个企业等最小的群体单位。特殊性蕴含着普遍性，抽样单位作为总体的一个基本单位，可以代表总体的某种特征。

4. 进行样本抽取

样本抽取是指根据抽样方式从总体中随机抽取一部分作为样本。抽样框确定后，我们可以按照编号进行抽样，一般可以采用隔号抽取或抓阄抽取的方式。隔号抽取是指每隔几个或更多个号码抽出一个样本，一直到取完样本为止。抓阄抽取是指把每个号码做成阄，通过抽签、抓阄的方法抽取出样本，直到取完样本为止。

5. 收集分析数据

抽样仅仅是技术手段，想要了解详细信息，我们还需要对抽样对象认真调研。对抽取的样本进行调研可以采取之前介绍过的观察法、访谈法等方法，结合工作实际和对象特点，收集信息数据，然后对收集的数据进行分类整理、统计分析，并根据样本的结果推断总体的特性。

（五）抽样调查法的注意事项

抽样调查法应注意以下事项。

第一，注意样本大小。样本大小的确定需要综合考虑调研的精确性需求和资源限制。样本过大，会增加调研的成本；样本过小，会影响调研的精确性。

第二，保证样本的代表性。样本的代表性直接影响调研的有效性。在抽样时，我们需要尽可能确保样本能够反映总体的特性，可以通过复查，对抽样框、抽样操作环节、样本数据进行仔细比对。同时，我们可以利用访谈、专家座谈、召开会议、试验调研等方法互相佐证。

第三，控制抽样误差。所有的抽样都有可能产生抽样误差，即样本的结果与总体的真实情况有所偏离。在调研中，我们需要通过抽样方式和样本大小的科学确定将几种抽样方式结合起来，取长补短，简化烦琐环节，扩大抽样范围，形成更多的样本，从而提高数据的科学性和准确性。

二、典型调查法

典型调查法是党政机关和企事业单位经常采用的调查方法。

（一）典型调查的定义

典型调查是指在对调查总体有基本了解的前提下，通过有意识地选择典型的个体或群体进行深入调研，以获得具有普遍性的调研结果。也有人把典型调查理解为"解剖麻雀"。

我们可以把典型调查看作从个别到一般的过程。典型调查所选的个体或群体被视为总体情况的"典型"或"模型"，其行为或特征被认为可以代表总体的行为或特征。典型调查中的典型不要求必须是优秀代表，也可以是中间分子，主要用于反映某类群体、某类现象的共同特点。

（二）典型调查法的特征

第一，有意识地调查。典型调查一般被视为定性研究。典型调查的主要特征是选择性，通过人为选择具体的对象，获得深入的、系统的研究结果，从而估算出整体的一些情况。

第二，对象具有典型性。由于是了解了基本情况后的深思熟虑的选择，因此被调查的对象具有典型性，能够代表整体的一些情况。

第三，非全面调查。典型调查与全面调查不同，典型调查的调查对象比较少，节省人财物，有利于深入系统地了解对象的情况。

典型调查法具有多重作用。一方面，我们可以通过典型对象总结好的经验做法，了解存在的问题苗头，形成科学决策的依据；另一方面，典型调查可以提供详细的研究数据，通过对比先进对象和落后对象，推动整体工作均衡发展。

（三）典型调查法的操作流程

典型调查法通常包括以下五个步骤。

1. 确定研究目标

进行典型调研前，我们需要根据领导的安排，结合工作实际，确定好调研选题，还要明确调研目标，积累资料，对调研总体有一个基本的了解。

2. 选择典型对象

我们要根据研究目标，选择具有代表性的个体或群体作为典型。毛泽东同志指出，调查的典型可以分为三种，即先进的、中间的和落后的。如果能依据这种分类，每类调查两三个，即可知一般的情形了。

典型的范围可以参考如下条件来设定：

（1）在以往工作中或调查中发现的情况；

（2）基层部门、系统内部反响强烈的情况；

（3）人民群众比较关心的情况；

（4）工作实践中涌现出的先进事迹、先进代表；

（5）通报批评情况或落后代表；

（6）突发事件。

3. 做好调研准备

做好调研准备是指根据研究目标，设计详细的调研方案，包括调研的方式、内容、时间、地点、人财物保障等。

4. 进行实地调研

实地调研是指按照调研方案进行深入的调研，收集所需的数据。收集过程中，我们要注意结合访谈、问卷等方式，掌握第一手材料。

5. 进行分析总结

调查期间，我们需要对收集的数据进行分析和分类总结，得出调研结果。

（四）典型调查法的注意事项

典型调查法应注意以下事项。

第一，注意选好典型。在典型调查法中，选取的典型对调研结果有很大影响，如果没有重点、四面撒网，那么调查工作往往漂浮无根、不接地气。我们需要根据研究目标合理科学地选择典型。

第二，保持科学态度。实际工作中有时会存在总结经验多、揭露问题少、怕得罪人的情况。为了得到真实的情况，我们需要统筹把握，既不能为了调研而调研，也不能"只栽花，不栽刺"，更不能故意为难对方。

第三，结合多种方式。典型调研一般是面对面的直接调研，获取的信息更加真实可靠。开展典型调研并不意味着忽视全面调研，对全局的把握可以通过抽样问卷、专家调查等方式开展，通过全面与重点相结合，更好地反映真实情况，推动科学决策。

小结

六种调查方法的优缺点

调查方法	优点	缺点
访谈调查法	调查的信息比较深入系统，易于操作，能获得更多隐蔽的信息	耗费时间长，成本较高，易受被调研者主观影响
问卷调查法	能突破时空限制，对数量较多的对象同时开展调查，适用于调查时间短、样本比较大、不太复杂的情况	书面信息多，缺乏生动、鲜活的社会信息，成本高，耗时长，难度大
观察调查法	相对客观，可以获得直接的、生动的、一手的材料	受主观因素影响大，容易观察到表面问题，难以深入了解信息
文献调查法	能突破时空限制，大范围地调查既往信息，调查的资料相对稳定，节省人力、物力、财力	调查前的先导工作，获取的资料属于既往信息，存在时效性不足的问题
抽样调查法	能在较短时间内获得比较准确的数据，节省人力、物力、财力	受抽样样本因素的影响，如果样本不足，容易导致结果不准确
典型调查法	能突出重点，节省人力、物力、财力	要了解调查对象的总体情况，要求被调查者具有代表性，选择难度大

第四章

了解研究的方法

严格地讲，研究不同于调查。研究方法是指深入分析研判并得出科学结论的方法。了解研究的方法有利于得出科学的结论，推动调研成果顺利转化并应用到工作中。常见的研究方法包括比较分析法、综合评价法和矛盾分析法。

第一节　比较分析法：常用的撒手锏

第 12 周工作例会　刘老师小课堂

刘老师：前几周我们讨论了调查的方法，今天我们说说研究的方法。调查方法和研究方法不能混为一谈。调查方法主要是收集数据信息并得出感性材料的方法；而研究方法则是深入分析研判并得出科学结论的方法。

大布：研究就是去粗取精、去伪存真、由此及彼、由表及里的过程。

刘老师：可以这么理解。我们今天讨论比较分析法。简单地说，它是一种通过比较两种或多种现象，解释、分析这些现象的特性和规律的研究方法。

小新：比较分析法有什么特征呢？

刘老师：大布说说。

大布：第一个特征是可以展示出各个研究对象之间的异同，具有量化性；第二个特征是有助于我们总结提炼出规律，具有科学性。

刘老师：很好。比较分析法具有客观性、系统性、动态性等特征，需要我们坚持实事求是、坚持系统思维、坚持量化分析。接下来我们讨论一下比较分析法的操作流程。小新说一说。

小新：比较分析法的操作流程包括确定研究目标、选择比较对象、设定比较指标、收集分析数据这些流程。

刘老师：小新说得非常全了。这种方法有什么注意事项呢？

大布：需要对比较对象有全面深入的了解，不能仅凭表面现象作出判断。

小新：需要选择合适的比较指标，确保比较的公正性。

刘老师：很好。此外，使用这种方法还需要注意比较的范围和层次，避免片面的比较。比较分析法在日常工作中非常实用，希望大家好好运用。今天就到这里。

一、什么是比较分析法

比较分析法是指通过分析研究某种现象、问题、对象或事件之间的相似性和差异性，从而发现新规律、提出新观点的研究方法。比较分析法主要是通过指标的对比来分析具体差别和变化趋势，通过将一个现象与另一个现象进行对比，分析相关要素并揭示规律和趋势。

比较分析法是比较常用的方法。我们可以从历史与现实、国内与国际、过去与现在、内部与外部、机关与基层、先进与落后等多种维度进行比较。

● 案例

例如，我们要比较东郊市和西郊市的空气质量，首先要确定比较的标准和指标，如空气中的 PM2.5 和 PM10 的浓度。接下来，我们可以通过环保部门、环保协会、志愿者团队等机构收集这两个城市的空气质量数据。在分析数据时，我们需要对比两个城市在同一时间段的空气质量上的差异，包括可见颗粒浓度等要素。这些对比数据都是在撰写调研报告时需要着重描述分析的信息。

二、比较分析法的特征

比较分析法具有以下三个特征。

（一）客观性

比较分析法强调的是客观的、理性的比较，是基于客观事实进行的比较，不是主观的、情感化的比较。比较的结果应基于事实和证据，而非个人偏见或者预设立场。

⊃ 案例

国家统计局公布的《中华人民共和国 2022 年国民经济和社会发展统计公报》显示，2022 年年末全国人口 141 175 万人，比上年末减少 85 万人，其中城镇常住人口 92 071 万人。全年出生人口 956 万人，出生率为 6.77‰；死亡人口 1 041 万人，死亡率为 7.37‰；自然增长率为 –0.60‰。

国家统计局对国民经济和社会发展的各项重要指标的统计，具有官方性和权威性。通过 2022 年和 2021 年人口数量的对比，我们可以看到人口的下降数量和下降比例。地方政府也有人口的变化数据，这些数据是进一步完善人口政策的重要依据。

（二）系统性

比较分析法不仅比较单个特征或因素，而且需要系统地、全面地比较研究对象的各个方面，通过对研究对象的数量、特征等指标的对比研判，我们可以更好地分析研判趋势，推动工作开展。

⊃ **案例**

在 2023 年 5 月 28 日举办的中关村论坛"人工智能大模型发展论坛"上发布的《中国人工智能大模型地图研究报告》显示，据不完全统计，目前中国 10 亿参数规模以上的大模型已发布 79 个，这些大模型主要集中在北京和广东，其中北京有 38 个，广东有 20 个。自然语言处理是大模型研发最活跃的领域。从全球已经发布的大模型分布来看，中国和美国的大模型数量超过全球总数的 80%，美国在大模型数量上居全球之首，中国从 2020 年进入大模型快速发展期，目前与美国保持同步增长态势。

所谓人工智能大模型，可以理解为网络机器人，它可以提供文字、绘画、搜索、语音识别、家居服务等网络服务功能。目前，国内比较著名的大模型有文心一言、通义千问、腾讯混元、华为盘古、360 智脑、星火认知等，这些大模型将不断催生新业态，形成新的就业人口。

（三）动态性

比较分析法关注研究对象的变化和发展，解释它们的动态过程。比较分析往往跨越一定的时间和空间，通过比较事物质和量的差异，得出科学合理的结论。

⊃ **案例**

2022 年，中国汽车全年出口 311 万辆，超越德国成为仅次于日本的全球第二大汽车出口国。据中国汽车工业协会整理的海关总署数据，2023 年一季度，我国汽车出口量为 107 万辆，同比增长 58.1%。日本汽车工业协会数据显示，日本一季度汽车出口量为 95.4 万辆，同比增长 5.6%。今年一季度，中国在汽车出口量上已经超越了日本，成为世界第一大汽车出口国。

汽车是日常出行的重要的交通运输工具。得益于不断的技术创新、新能源汽车的"弯道超车"战略、巨大的消费市场等因素，并根据近几年的汽车出口情况，我们可以推断 2023 年中国全年的汽车出口量有可能超过日本。

三、比较分析法的类型

比较分析法可以分为以下六种类型。

（一）描述性比较与解释性比较

根据比较的内容要求，比较分析法可以分为描述性比较和解释性比较。

描述性比较主要关注研究对象的现状、特性和变化情况，对其进行描述和比较，以揭示它们之间的相似性和差异性。描述性比较往往是时间靠前的分析方法。

➲ 案例

例如，通过对东郊市几个区县公园的游客数量、硬件设施、服务情况等数据的对比分析，揭示它们之间的异同。这种比较通常作为一种客观的展示，无法解释这些差异存在的原因。

解释性比较是探究研究对象之间的差异性和相似性的存在原因的方法。解释性比较一般需要通过理论研判、逻辑分析等方法来进行。

➲ 案例

例如，在比较东郊市几个区县公园的游客数量、硬件设施、服务情况等各项指标后，我们需要进一步研究为什么有些区县的公园留给市民的印象要比其他公园好，可能的原因包括配套硬件设施、管理服务水平、地理环境因素、区县人口密度、可竞争公园数量等。

（二）求同比较和求异比较

根据比较的目标导向，比较分析可以分为求同比较和求差比较。

求同比较是指探求不同研究对象的共同点，从而得出规律性认识或新的思想认识。

求异比较是指对不同事物的属性、指标进行比较，从而得出新的意见和看法。求异比较往往能够鲜明地列明差距，分析出具体原因，与求同比较相比其应用范围更广泛。

（三）横向比较和纵向比较

按照时空范围的不同，比较分析可以分为横向比较和纵向比较。

横向比较是指对同时并存的多种事物的不同指标进行比较分析，得出新的规律认识的过程。横向比较的具体指标有很多种，既可以是经济、政治、文化、社会等指标，又可以是硬件、软件、服务、管理等指标，还可以是现状、成绩、问题等指标。

⊃ 案例

《2021 年全国科技经费投入统计公报》显示，研究与试验发展（R&D）经费投入超过千亿元的省（市）有 11 个，分别为广东、江苏、北京、浙江、山东、上海、四川、湖北、湖南、河南和安徽。R&D 经费投入强度超过全国平均水平的省（市）有 6个，分别是北京（6.53%）、上海（4.21%）、天津（3.66%）、广东（3.22%）、江苏（2.95%）和浙江（2.94%），R&D 投入强度的头部效应愈发显现。

通过上述统计数据可以看到，从科技经费投入的角度来看，前 11 名的省市中，只有北京、山东、河南处于北方，说明南方省市的科技经费投入更多。从科技经费投入的强度来看，北京的投入强度明显要高于其他省市。从两个指标的前 5 名情况来看，北京、广东、江苏都属于科技经费投入大且经费投入强度高的省市，从而可以预测这三个省市近期的科技研发水平仍将处于领先地位。

纵向比较是指比较同一事物在不同时间或阶段内的状态特征，从而指明事物的发展变化，得出规律性认识。

⊃ 案例

数据显示，2013 年至 2021 年，我国国内生产总值（GDP）年均增长 6.6%，高于同期世界 2.6% 和发展中经济体 3.7% 的平均增长水平。2021 年，我国人均 GDP 达 80 976 元，扣除价格因素，比 2012 年增长 69.7%，年均增长 6.1%。

通过上述数据可以看到，我国国内生产总值在十年间整体呈增长趋势，在世界主要经济体中经济地位十分突出。

四、比较分析法的操作流程

运用比较分析法的一般步骤如下。

（一）确定研究对象

首先，我们需要确定要比较的对象。比较对象之间应该具有一定的相似性及差异性，从而便于对比分析。比较对象应该处于相关领域、相关地区或相关状态中，有参照范围。例如，我们可以将东郊市的市民汽车拥有量和东郊市所辖的 A 区的市民汽车拥有量进行对比，但是不宜将东郊市的市民汽车拥有量和东郊市所辖的 A 区的市民自行车拥有量进行对比。

（二）确定比较标准和指标

我们要根据研究目的和研究问题确定比较的标准和指标。比较的标准应该是相对稳定统一的，比较的指标可以是单项指标或多项指标，一般多项指标更常见。比较指标不能跨越界别、系统，否则很难进行对照。例如，不能拿一个国家五十年间的工业产值增长情况和另一个国家某个城市的十年间的工业产值增长情况进行对比，指标之间缺乏可比性。

（三）数据收集

我们需要根据比较的标准和指标收集数据。数据的收集方式包括问卷调查、实地访谈、现场观察、档案研究等。通过这些方式，我们可以收集大量的一手材料和重要的二手材料，这是进行对比分析的重要步骤。

（四）分析数据

我们要将收集的数据进行对比和分析，根据不同的指标，找出研究对象之间的差异性和相似性。对比分析的指标多种多样，包括地区、数量、质量、速度、满意度、政府投入等，我们需要将这些指标进行量化，从而得出科学结论。

五、比较分析法的注意事项

运用比较分析法应注意以下事项。

第一，立场中立客观。在进行比较分析时，研究者应保持客观、公正、中立的立场，根据既有的理论成果和收集到的信息数据进行分析研究，避免因个人偏见或预设立场影响比较的结果。

第二，考虑要素周全。研究者在进行比较分析时应全面、细致地考虑所有相关因素，最开始需要尽可能多地考虑多种变量和相关因素，不要嫌麻烦，在最后进行数据比对时再删选无关因素。忽视某些特性可能造成比较结果不准确的状况。

第三，注意指标设置。比较分析的前提是研究对象具有可比性。比较的指标应是各研究对象共同具备的要素，不能为了比较而比较。

小结

1. 比较分析法是指通过分析研究某种现象、问题、对象或事件之间的相似性和差异性，从而发现新规律、提出新观点的研究方法。

2. 比较分析法的特征包括客观性、系统性和动态性。

3. 比较分析法可以分为描述性比较与解释性比较、求同比较与求异比较、横向比较与纵向比较等类型。

4. 比较分析法的操作流程包括确定研究对象、确定比较标准和指标、数据收集、分析研判等。

第二节　综合评价法：多维的透视镜

第 13 周工作例会　刘老师小课堂

刘老师：今天我们来谈谈综合评价法。综合评价法是指通过多个角度、多个评价指标全面地评价一个项目或个体的表现。这种方法在分析复杂事物时常用，如评价不同国家的经济实力等。你们说说这种方法有什么特征？

大布：我觉得主要特征是全面性，它要考虑评价对象的多个指标，评价结果更加客观准确。

小新：我觉得还有系统性。这种方法要求从动态多样的指标中选出合适的选项，全面展现研究对象的特点。

刘老师：说得都很好。综合评价的结果往往是对几个研究对象进行排序，证明哪个是最优项或最有特点。

小新：老师，综合评价法有哪些类型呢？

刘老师：综合评价法有很多类型，常见的包括加权评分法、层次分析法、主成分分析法等。很多类型都可以通过 SPSSAU 等在线分析软件来生成。下面你们说说如何开展综合评价呢？

小新：开展综合评价，关键是要确定好评价指标和每个指标的权重。

大布：要对每个评价对象在每个评价指标上进行打分，然后在每个评价指标上进行加权计算得分，最后得出观察对象的总分。

刘老师：说得已经很全了。你们觉得开展综合评价有哪些注意事项呢?

大布:需要确保评价指标的全面性和代表性,避免偏颇。

刘老师:很好。在打分的时候,我们要尽可能地客观,还要注意权重的确定,要根据每个评价指标的实际重要性来确定权重,重要的指标权重赋值不能低,否则结果就不科学。

一、综合评价法的概念

综合评价法也叫多变量综合评价法,是指运用多个指标对多个参评单位进行评价的方法。该方法主要是将多个指标转化为一个能够反映综合情况的指标来进行评价。综合评价法通常用于评价复杂的系统或项目,如政策效果评价、项目效果评价、不同地区社会发展水平评价等。这种方法可以克服单项指标只反映客观事物的一个侧面的不足,通过多指标加权可以反映事物的整体情况。

⊃ 案例

在考核东郊市某个企业的经济效益状况时,我们可以从不同的角度提出各种考核指标,如成本收益率等,但这种指标只能从一个方面反映企业经济效益的优劣,从单一指标考量未必能科学反映该企业的整体经济效率。因此,我们需要把反映企业经济效益的多个指标,如资金产值率、劳动生产率、产品销售率、成本利润率、增加值率、资金周转率等指标综合起来,得到一个综合指标，从而全面反映企业的经济效益。

综合评价法的要素很多，具体包括评价者、评价对象、评价指标、权重系数、综合评价模型等内容。

二、综合评价法的特征

综合评价法具有以下特征。

（一）目的全面性

综合评价法考察对象的多个方面，而不只是考察对象的单一方面、维度或特征。我们需要把评价的目标全面地分解成几个重要方面，分别进行考察，从而得出相对全面的结论。

（二）评价综合性

综合评价法的目标是提供对研究对象的全面评价，而不仅仅是一系列单独的观察或测量。在将研究对象分解为多个指标后，我们需要根据每个指标的地位、频次、重要性等因素进行加权，重要的指标加权系数要更高一些。

⊃ 案例

对教师的教学水平进行评价，我们可以使用包含学生成绩提高、学生兴趣爱好增加、学生参与度高、教师受到欢迎等多个指标。不同评价者对具体指标的认可度不同，因此加权的情况也不同。有的评价者可能更侧重学生成绩的提高，会把这部分的加权比重提高，而有的评价者可能更关注学生的参与度。因此，不同评价主体对同一事物可能得出不同的综合评价结果。

（三）结果次序性

综合评价法的评价结果不是具体的统计指标，而是以指数或分值表示参评单位综合状况的排序情况。

综合排序是指根据加权后得出的得分、成绩、表现等综合表现，按照优劣顺序将参评单位进行排序，成绩高者在前，成绩低者在后。我们也可以不进行排序，通过优秀、良好、普通、不佳等来界定参评单位的综合表现。

➲ 案例

我们要比较 A、B、C 三个汽车品牌的综合性价比，可以选择四个评价指标：安全性、燃油效率、内饰舒适性、价格，每个指标都有一定的权重，如设定安全性（0.3）、燃油效率（0.3）、内饰舒适性（0.2）、价格（0.2）。每个汽车品牌在每个评价指标上的得分范围为 1 到 10。得分和权重乘积的和为每个汽车品牌的总分。假设三个品牌经专业机构监测后的 4 个指标评分如下：

汽车品牌	安全性（0.3）	燃油效率（0.3）	内饰舒服性（0.2）	价格（0.2）	总分
A	9	8	7	8	

（续表）

汽车品牌	安全性 （0.3）	燃油效率 （0.3）	内饰舒服性 （0.2）	价格 （0.2）	总分
B	8	7	9	7	
C	8	8	8	7	

总分算法上，A品牌得分：$9 \times 0.3 + 8 \times 0.3 + 7 \times 0.2 + 8 \times 0.2 = 8.1$。据此方法，B品牌得分为7.7，C品牌得分为7.8。参考了四个指标后，三个品牌中A品牌的综合性价比最高。

三、综合评价法的类型

综合评价法主要有以下三种类型。

（一）加权求和法

加权求和法是指将每个评估指标根据其重要性分配权重，再将所有评估值乘以其相应的权重，最后对所有的结果进行相加，得到综合评价值。它是最常用、最直观的综合评价方法。

⊃ 案例

假设我们要评估一个班级里所有学生的总体表现，可以考虑以下几个指标：成绩（40%权重）、课外活动（20%权重）、行为表现（20%权重）、公益行为（10%权重）、出勤率（10%权重）。每个指标都会得到一个分数，然后乘以相应的权重，最后相加得到总分。

（二）层次分析法

层次分析法是将事物按照不同的因素进行层次化分类的分析方法。它是将事物按照重要性、影响力等因素进行层次化分类，以此来确定事物的优先程度。层次分析法要求将复杂问题分解为若干个层次和要素，再通过成对比较的方式，求解出每个要素的权重，最后通过加权平均得到最优选择或最优排列。

⊃ 案例

某企业在选择供应商时可能需要考虑价格、质量、交货时间、服务等多个因素，企业可以使用层次分析法，通过专家打分的方式确定各个因素的权重，然后根据这些因素对每个供应商进行打分，最后分析得出最优的供应商。

（三）主成分分析法

主成分分析法的基本思想是将原有的数据集中的变量通过某种线性变换，转换为一组新的变量，这些新的变量被称为"主成分"。新的主成分尽可能地保留原始数据的变异性，并且主成分之间互不相关。

⊃ 案例

为了测试新药的效果，科研人员设计了一项实验，就不同剂量的新药对一组指标的影响进行了测量。这组指标包括血压、心率、胆固醇水平等。测量结果是一个高维数据集，每个变量（血压、心率、胆固醇水平等）都对应一个维度。科研人员可以使用主成分分析法，将高维的测量数据转换为几个主成分。这些主成分包含了原始数据的大部分信息，但是相互之间没有相关性，可以更清晰地看到新药对不同指标的影响。

四、综合评价法的操作流程

（一）明确评价目标

明确评价目标需要紧跟调研主题，了解进行综合评价的具体对象和具体范围，还要了解评价结果的应用目的和应用场景。

不同的评价目的所选用的指标体系也会有所不同。因此，我们需要明确关注的重点范围。

（二）选取评价指标

选取评价指标是综合评价法的关键步骤。我们需要根据评价目的及评价对象的主要属性，选择合适的评价指标。

要建立一个能够从不同角度、不同侧面反映评价对象本质特征的评价指标体系，我们可以通过数量、性质、属性、效能、区域、成本、产出等多种角度去设置多类指标。

（三）确定评价指标权重

评价指标的权重是指各个评价指标在整个评价指标体系中相对重要性的数量表现。通常，各个评价指标在评价指标体系中的作用是不一样的，因此各个评价指标的权重也应该有所不同。

确定评价指标权重的方法有专家评分法、层次分析法、变异系数法等。如果评价指标体系是单一层次的，则所有指标权数之和等于100%；如果评价指标体系是多层次的，则每层各部分权数之和等于100%。

（四）对多指标进行同度量处理

多个评价指标分别反映评价对象的不同侧面，具有不同的性质，且计量单位也不一样，因而我们必须对其进行无量纲化处理，消除指标量纲的影响，使不同评价指标之间具有可比性，以便对评价对象作出综合评价。

无量纲化处理即对评价指标数值进行标准化、正规化处理。它是通过一定的数学变换来消除原始指标量纲影响的方法，即把性质、量纲各异的评价指标值转化为能够进行相互比较的相对数，即评价值。

（五）计算评价结果

进行同度量处理之后，我们要选择评价方法，建立一个综合评价模型，将经过无量纲化处理过的评价值植入模型，计算出综合评价结果并得出排序结果。

五、综合评价法的注意事项

在进行综合评价时，我们应注意以下几点。

第一，评价指标要科学。评价指标应覆盖研究对象的所有重要方面，同时也应考虑到评价的实际可行性。

第二，处理数据要一致。处理的数据需要用同样的标准和方法来收集和记录，必要时需要对数据进行同度量处理。

第三，评价结果要公正。综合评价需要避免个人偏见、兴趣爱好对评价结果的影响，要认真检查或邀请专家学者审核。

小结

1.综合评价法是指运用多个指标，并将多指标转化为一个综合指标，对多个参评单位进行评价的方法。

2.综合评价法具有目的全面性、评价综合性、结果次序性的特征。

3.综合评价法包含加权求和法、层次分析法、主成分分析法等多种类型。

4综合评价法的操作包括明确评价目标、选取评价指标、确定评价指标权重、对多指标进行同度量处理、计算评价结果等步骤。

第三节　矛盾分析法：决策的金钥匙

第 14 周工作例会　刘老师小课堂

刘老师：今天我们学习一下矛盾分析法。矛盾分析法是一种揭示事物发展矛盾和对立面，并提出解决对策的研究方法。大布，你说说矛盾分析法有什么特征？

大布：一是斗争性，也就是任何事物都包含矛盾；二是统一性，即矛盾的对立面互相依存贯通；三是条件性，即矛盾在一定条件下可以互相转化。

刘老师：我们简单说一下矛盾的原理。第一，矛盾就是对立统一，是事物发展的动力。第二，矛盾既具有普遍性，也具有特殊性。第三，内部矛盾是事物发展变化的根源。第四，矛盾内部还有主要方面和次要方面之分。因此，矛盾分析法主要包括四个部分，即一分为二地看问题、具体问题具体分析、抓住重点和主流（即抓住主要方面和次要方面）、坚持两点论和重点论的统一。

大布：怎么区分主次矛盾和矛盾的主要方面及次要方面呢？

刘老师：主次矛盾主要用于解决问题。事物发展过程中有无数对矛盾，主要矛盾最重要，需要优先解决。例如，一个人三天没吃饭，同时还要处理电话事务，还要进行剧本创作。对他而言，吃饭解决身体饥饿问题最重要，否则人就垮了，什么也做不成。当然，我们还需要具体问题具体分析。矛盾的主要方面和次要方面主要用来看待分析问题和看清性质、主流、支流、枝节，如人工智能到底是先进的还是落后的，等等。

小新：怎么运用矛盾分析法呢？

刘老师：大布说说。

大布：首先，我们需要确定研究对象。其次，我们需要分析这个对象的主要矛盾及矛盾的主要方面。最后，我们需要对矛盾的发展进行预测，最终解决矛盾或者问题。

刘老师：说得很好。矛盾分析法的运用流程主要包括确定问题、揭露矛盾、分清主次、分析条件、提出方案等步骤。矛盾分析法是我们最常用的工作方法之一，甚至到了"日用而不觉"的程度。我们工作或学习中面临的问题，就是一个个矛盾。如何认识到问题，这是揭露矛盾。如何分清工作主次，这是找到主要矛盾。如何收集材料、借助各方力量，这是分析条件和创造条件。如何提出办法，这是解决对策。没问题的话，今天就到这里。

一、矛盾分析法的定义

矛盾分析法是指运用矛盾规律理论来观察和分析社会现象，进而解决社会问题的思维方法。矛盾分析法可以用于处理涉及多方利益或观点的复杂问题，是日常学习和工作中经常使用的方法。

二、矛盾分析法的内容

（一）对立与统一相结合

矛盾就是对立和统一，矛盾的对立属性就是矛盾的斗争性，矛盾的统一属性就是矛盾的同一性。同一性和斗争性是两种基本属性，二者相互联系，不可分离。一方面，同一性不能脱离斗争性而存在，没有斗争性就没有同一性；另一方面，斗争性也不能脱离同一性而存在，矛盾的斗争性是以矛盾双方具有内在的同一性为前提的。

统一性表现为对立面之间具有相互依存、渗透、贯通的性质，斗争性表现为对立面之间具有相互排斥、否定的性质。因此，我们要坚持一分为二地看问题。

（二）内因与外因相结合

事物发展的根本动力在于矛盾，矛盾推动事物向前发展。事物的内部矛盾就是事物发展的内因，事物的外部矛盾就是事物发展的外因，任何事物的发展都是内外因共同作用的结果。

内因是事物发展的根据，是第一位的原因。外因是事物发展的条件，是第二位的原因。内外因在事物发展中的地位和作用是不同的，不能相提并论。事物运动、发展的源泉在于事物内部的矛盾性。

（三）普遍性与特殊性相结合

矛盾普遍性是指矛盾存在于一切事物中，存在于一切事物发展过程的始终。矛盾的特殊性是指不同事物的矛盾各有其特点；同一事物的矛盾在不同发展过程和发展阶段各有不同特点；构成事物的诸多矛盾以及每一矛盾的不同方面各有不同的性质、地位和作用。

矛盾的共性是无条件的、绝对的，矛盾的个性是有条件的、相对的。

（四）两点论和重点论相结合

在研究复杂事物矛盾发展的过程中，我们既要研究主要矛盾，又要研究次要矛盾，既要研究矛盾的主要方面，又要研究矛盾的次要方面，二者不可偏废。我们要从矛盾双方的对立与统一的关系分析问题，既要在诸多矛盾关系的对立中把握它们的统一、渗透、转化，又要在复杂的矛盾群中把握二者的差异、排斥甚至对立，全面地研究矛盾双方的复杂关系。

唯物辩证法的两点论不是均衡的两点论，而是有重点的两点论。它要求把握矛盾的不平衡性并把它贯穿于矛盾的分析之中，不能主次不分、轻重不分，采取折中的、中庸的态度，在坚持两点论的前提下坚持重点论。

三、矛盾分析法的具体步骤

矛盾分析法的具体步骤如下。

（一）确定问题

明确需要解决的问题并做好信息收集工作。收集的信息可以包括事实、数据、观点、文献等。

（二）揭露矛盾

我们要把社会现象看作运动中多层次、多方面的矛盾统一体，并考察影响这种现象存在的诸多矛盾。

（三）分清主次

我们要从诸多矛盾中找出主要矛盾和矛盾的主要方面，因为主要矛盾和矛盾的主要方面决定了社会现象的本质，而社会现象是以上诸多矛盾的外部表现。

（四）分析条件

我们要分析矛盾发生变化的内部条件和外部条件，同时注意矛盾发展量变到质变的临界点，即主要矛盾发展转化的条件与时机。

（五）提出方案

基于分析结果，我们可以提出可能的解决方案，并考虑方案的可行性、成本、时间、效果等因素，最终解决矛盾。

四、矛盾分析法的注意事项

在进行矛盾分析时，我们需要注意以下三点。

第一，全面分析。我们应全面考虑问题的各个方面，而不是仅仅关注问题的一部分或一方面，同时还要分清楚主要矛盾和次要矛盾、矛盾的主要方面和次要方面，不能"眉毛胡子一把抓"。

第二，注意变量。我们要关注矛盾发生变化的条件，及时创造条件推动事物转化，并且要进行批判性思考，减少思维误区。

第三，结合实际。矛盾分析法要求我们一分为二地看问题、坚持具体问题具体分析、坚持普遍性与特殊性相结合。我们在分析问题时，要充分尊重社会实际情况，做到理论与实践相结合，避免形式主义。

小结

1. 矛盾分析法是指运用矛盾规律理论来观察和分析社会现象，进而解决社会问题的思维方法。

2. 矛盾分析法的内容包含对立与统一相结合、内因与外因相结合、普遍性与特殊性相结合、两点论与重点论相结合。

3. 矛盾分析法的具体步骤包括确定问题、揭露矛盾、分清主次、分析条件、提出方案等。

下篇

结出好果实——如何写好调研报告

第五章

认识调研报告

调研报告是对调研材料进行整理分析，总结出规律、办法、经验的书面性调研成果。调研报告有很多类型，不同类型的调研报告结构不尽相同。

第一节　识样子：调研报告的内涵

第15周工作例会　刘老师小课堂

刘老师：之前我们讲了如何开展调研活动，现在开始着重讲解如何撰写调研报告。调研活动搞得成不成功，一个重要指标就是看调研报告写得好不好。调研报告是通过梳理调研活动期间的信息并进行分析研判，从而得出重要结论的书面文体。大布，你来谈谈调研报告的特征。

大布：首先，调研报告的内容是基于实地调研得出的，具有真实性。其次，调研报告具有目的性，它主要围绕调研主题、寻找信息，论证观点。

小新：调研报告应注重可操作性，报告的建议和措施应该切实可行，能够指导实践。

刘老师：很好。大家说说调研报告有哪些作用？

大布：第一个作用是调研报告可以帮助我们了解问题的真实情况。第二个作用是调研报告可以为我们提供决策支持，推动解决问题。

小新：调研报告可以分为很多类型。有的属于揭露问题，分析成因，有的属于介绍典型，推广经验。因此，调研报告有宣传推广典型的作用，也有警戒现实问题的作用。

刘老师：两位的分享都非常到位。调研报告是一种比较常见的事务公文，大家需要多学习，借鉴优秀报告的谋篇布局，结合实际工作，不断提高写作能力。

一、什么是调研报告

调研报告是指在调研活动结束后对调研材料进行分析整理，总结出规律、办法、经验等成果的书面报告。调研报告在党政机关和企事业单位中比较常见，是对已经开展的调研工作进行分析总结的书面结论。

（一）调研报告是公文

调研报告属于公文，常用在党政机关等主体之间，具有一定的结构或格式，用于书面介绍反馈情况，但不是法定公文。

法定公文的具体范围是《党政机关公文处理工作条例》中所规定的 15 种正式文种，包括决议、决定、命令（令）、公报、公告、通告、意见、通知、通报、报告、请示、批复、议案、函、纪要等。

（二）调研报告是事务公文

事务公文是党政机关和企事业单位用来沟通信息、部署工作、总结经验的重要书面文体，具体包括计划、总结、调研报告、领导讲话稿、典型材料、信息、简报等。

事务公文的使用频率非常高，在某些机关、某些场合可能比法定公文的使用频率还要高。调研报告作为事务公文的一种，虽然不像计划、总结、领导讲话稿那么常用，但是综合要求高，难度比较大。熟练掌握调研报告的写作本领对撰写其他事务公文也会大有帮助。

（三）调研报告是服务于调研的公文

调研报告主要是服务于调研工作的公文。从时间上来说，调研报告的撰写往往是发生在调研工作结束之后。从内容上来说，调研报告需要写明调研对象相关的特点、问题、对策等内容。从目的上来说，撰写调研报告的最终目的是用来分析现状、把握规律、提出方案、推动决策，都是服务于调研活动的整体要求的。

二、调研报告有哪些特征

调研报告是依托于调研工作而产生的研究成果，在党政机关和企事业单位应用得很广泛。调研报告具有以下特征。

（一）真实性

真实性是调研报告的首要特征。调研报告是在调研这项实践活动的基础上产生的真实的、探索性的书面成果，调研报告的规律探索依赖于真实的数据和事实，具有强烈的实证性。

真实性要求调研报告的内容分析是定性研究和定量研究的结合，调研报告的结论和建议应具有较高的可信度和说服力，不能主观臆测、敷衍应付。

⊃ 案例

毛泽东同志于 1933 年 11 月撰写了《长冈乡调查》。在该文"群众生活"部分的"市价"方面[①]，毛泽东同志对农产里的谷、花生、番薯、豆子、猪、鸡、鸭、鸡蛋、鸭蛋、柴、木油、花生油、

---

① 参见《毛泽东文集》第一卷，人民出版社 1993 年版，第 297 ~ 298 页。

小柑子及外货里的盐、布、洋火、洋油等生活物资的价格进行了详细记录，对了解苏区的生产生活情况具有重要参考价值。

（二）系统性

调研报告是具有逻辑性、体系性的公文。调研报告不仅需要写明结论，还需要写清楚事情的来龙去脉，对研究主题进行全面深入的探讨，分析清楚调研对象的基本情况、主要特点、存在的问题、产生的原因等重要因素，并且有必要的论证过程，从而得出科学结论。

调研报告要求主次分明，不必面面俱到，要聚焦主题，围绕中心，说清楚主要的成绩和主要不足，具有逻辑层次。

○ 案例

在《湖南农民运动考察报告》一文中，毛泽东同志对农会和农民的行动进行了概括总结。作者在湖南做了 32 天的考察工作，对湖南开展的农民运动进行了系统全面的客观描述和深入分析，为联合农民阶级开展革命做出重要的理论贡献。

（三）针对性

调研报告的针对性是由调研工作的针对性决定的。调研工作往往是出于单位安排、业务工作、解决问题等实际需要而开展的，相应地，调研报告也应该是针对特定的问题进行论述的。调研报告的撰写要有明确目标，可以是反映情况、提出对策、宣传典型，等等。调研报告的撰写要指向明确，针对的读者对象往往是上级机关、重要领导、社会公众，因此需要论证科学、有理有据、对策可行、有生命力。

⊃ 案例

《在为民办事中提升城市基层党建整体效应——北京市党建引领"街乡吹哨、部门报到"改革情况的调研报告》（载于《人民日报》2019年1月10日）开头部分是这样写的。

2018年11月14日，习近平总书记主持召开中央全面深化改革委员会第五次会议，审议通过《"街乡吹哨、部门报到"——北京市推进党建引领基层治理体制机制创新的探索》，对这项工作给予充分肯定。为深入总结这一经验做法，更好指导面上工作，中央组织部多次派人了解北京市开展党建引领"街乡吹哨、部门报到"改革（以下简称"吹哨报到"改革）情况。2018年12月3日到12月10日，组织3个调研组，到北京市12个区的17个街道乡镇、20个部门站所、6个执法单位，深入街巷胡同和党员干部、社区群众，集中开展专题调研。

作者调研的目的就是深入总结北京"吹哨报到"改革的基本做法、主要成效、经验启示，从而推动其他城市学习借鉴先进典型，加强党建引领，创新方式方法，推动城市基层治理。

（四）时效性

调研报告的时效性是指调研报告的撰写要及时反映调研活动的实际情况，做好规律总结，提出合理建议。调研工作结束后，我们要及时收集整理调研素材，着手撰写报告。调研报告正式稿要及时上报提交，注意成果反馈，推动问题解决。

⊃ 案例

《小城镇 大问题》一文的作者把吴江县的小城镇分为五种类型，即震泽镇、盛泽镇、松陵镇、同里镇、平望镇。作者以20世纪70年代初期为分界线，认为20世纪70年代以前是小城镇的衰落和萧条时间，20世纪70年代初期以后有了转机。作者还论述了小城镇成为农村的服务中心、文化中心和教育中心的原因。全文对小城镇的工业、农业、商业、人才模式进行了系统阐述，可以说为改革开放初期的小城镇建设做出了重要学理贡献。

三、调研报告的作用

调研报告作为一种书面的研究成果，具有以下作用。

（一）提供真实信息

调研报告是调研活动的成果展示，自然包含着调研工作中收集到的数据、信息、典型案例等，这些客观真实的材料可以为决策者了解基层实情提供依据。

⊃ 案例

假设我们要撰写一篇关于东郊市村"两委"换届选举工作的调研报告，就需要对调研的若干村子的选举工作进行数据收集，从而得出好的经验做法、存在不足等重要信息。在不足方面，有的村存在组织意图落实不力、选举程序不科学、候选人不合资质等问题，有的问题属于历史遗留问题，有的问题则是新生问题。这些问题有的是选举相关问题，有的则涉及村民的利益博弈，其涉选举报未必是真实情况，可能仅仅是因为村民之间发生口角或存在经济纠纷等。这些数据的收集和分类，需要体现在调研报告里，从而帮助组织人事部门或权力机关了解真实的基层情况。

（二）推动政策完善

对党政机关而言，调研报告可以为政策的制定完善和贯彻执行提供重要参考。针对中央出台的政策，各省需要结合省情和部门实际，在坚持大政方针、基本原则的基础上，出台具有省域特色的实施办法、配套措施。开展广泛调研，加强成果反馈，可以更好地找到工作实际与上级政策的切入点、结合点、落脚点，推动政策不断完善。

⊃ 案例

针对东郊市出台的《关于"十四五"期间的公共服务规划》，各区县可以先行开展调研，根据中央和省市有关要求，结合本区县的财政状况和工作实际，制定区县版的《公共服务规划》。经济状况好的区县可以适当增加民生项目，或把民生项目分为人民群众普遍享有的基本公共服务项目、聚焦老弱病残困等弱势群体的特殊保障型公共服务项目、适合多种消费群体的生活性服务业公共项目，从而按照不同标准细化部门责任，制定服务子项目。

（三）促进经验推广

关于先进典型的调研报告不仅能够反映先进地区、先进对象的经验做法，也能探索出一些普适性的可复制、可推广的方法。这类调研报告中体现出的"见人见事见精神"的典型经验、典型办法，可以促进其他地区借鉴吸收，形成良好的社会效果。

我们需要注意的是，经验推广也有具体要求。一方面，经验不能照搬照抄，需要结合经验所适用的场所、条件、人群、部门，结合实际进行消化吸收。另一方面，经验办法是可以变动调整的。"枫桥经验"的具体形式可以不同，只要抓住"小事不出村，大事不出镇，矛盾不上交，就地化解"的精神内核，就可以拓展出不同的实施办法，如对流动人口的安置、对"一老一小"群体的帮扶、对"两新组织"从业人员的管理等。

○ 案例

2017年上半年，北京市平谷区金海湖镇为根治金矿盗采多年屡禁不止的难题，探索了乡镇发现盗采线索及时上报，各相关执法部门30分钟内赶到现场综合执法的机制。北京市委把这一探索总结提升为党建引领"街乡吹哨、部门报到"改革，并在全市各区不断推广。目前"街巷吹哨、部门报道"模式已经在天津、四川等全国各地不断推广。

（四）便于问题解决

调研报告是具有目的性、计划性的公文。调研报告通过反映现实社会问题，进行原因分析，加强趋势预判，从而提出解决措施。多数调研报告都针对某类问题提出了解决办法，从而为上级机关和部门领导科学决策、解决实际困难提供了重要参考。

➲ 案例

全国人大常委会专题调研组《关于珍惜粮食、反对浪费情况的调研报告》针对当前粮食节约方面存在的问题，给出了相应的对策建议：进一步做好消费前节粮减损工作，切实抓好制止餐饮浪费工作，进一步强化宣传教育，进一步建立健全节粮减损制度体系，加快建立法治化长效机制。

小结

1. 调研报告是指针对已经开展的调研活动，经过分析整理调研材料，总结出规律、办法、经验等成果的书面报告。

2. 调研报告的特征包括真实性、系统性、针对性、时效性。

3. 调研报告具有提供信息、推动决策、推广经验、解决问题等作用。

第二节 懂区分：调研报告的种类

第 16 周工作例会 刘老师小课堂

刘老师：今天，我们主要讲讲调研报告的常见种类。首先，我们来看一下反映情况类调研报告，这种报告的主要目标是详细描述被调研对象的具体情况，包括成绩、问题、对策等。大布，你觉得这类报告有什么特征？

大布：它的特征有三个。一是真实，不能夸大其词；二是具体，要做到有血有肉，数据和信息来源广泛；三是全面，需要包括背景、目的、调研方法、主要情况、存在的问题、对策建议等部分。

刘老师：很好。接下来，我们来看一下典型经验类调研报告，这类报告主要是通过全面剖析成功经验或优秀人物事迹，提炼出经验教训供有关方面参考。小新，你说说它有什么特征？

小新：这类报告也需要真实性，还需要注意用好最恰当、最合适的典型。此外，经验推广不能盲目照搬。

刘老师：非常好。我们接下来说说反映新事物类调研报告，这类报告主要是对某一新事物、新情况、新变化进行研究的报告。在撰写这类报告时，我们需要准确把握新事物的本质以及它对社会的影响。此外，我们还需要注意哪些情况？小新说一说。

小新：我们要关注上级政策，敏锐捕捉新形势，做好新旧对照。同时，注意抓住新事物的主要特点，不用面面俱到。

刘老师：好。我们再说一下揭露问题类调研报告，这类报告指的是对某类社会问题进行揭示和分析的报告，目的是找出问题成因，提出解决对策。大布说说撰写这类报告需要注意哪些问题？

大布：剖析原因要全面透彻，找出什么是根本原因，什么是直接原因，还要提出切实可行的解决方案。

刘老师：好。最后，我来讲一下研究探讨类调研报告，这种报告主要是对某个理论或实践问题进行深入研讨，从而提出新的理论观点或实践方法。在撰写此类报告时，我们需要做到深入研究，要保证报告的科学性和前瞻性。

小新：这类报告平时用得多吗？

刘老师：这类报告往往需要深厚的理论基础，在党政机关中用得比较少。总的来说，五种调研报告都有其独特的功能和特点，我们需要根据调研目的和工作要求选择合适的报告类型，没有哪个类型是万能的。好。今天就到这里，希望大家能在实际工作中学用结合。

大布、小新：好的，老师。

调研报告的形式多样，针对的对象、场景、任务各有不同特点。不同种类的调研报告既有结构框架上的相似之处，也有重点对象等方面的不同之处。

针对调研报告的分类有很多种说法。从文字表述形式上看，调研报告可以分为专题调研报道、调查报告、理论研究、可行性论证报告等。以调研报告内容的性质为标准，调研报告可以分为反映情况类调研报告、典型经验类调研报告、反映新事物类调研报告、揭露问题类调研报告、研究探讨类调研报告等。

一、反映情况类调研报告

反映情况类调研报告是指对特定地区、领域、事物的现状和做法等基本情况进行全面系统地描述和反映的调研报告。

这类调研报告的特点是以描述和分析为主，很少做议论评价，立场相对客观。此外，此类报告力求对研究对象的现状进行全面细致地介绍，为领导制定政策、安排任务、科学决策提供参考。

二、典型经验类调研报告

典型经验类调研报告是指以优秀的典型经验、实践模式为研究对象，介绍产生背景、主要事迹、重要成果、成功原因等信息，为其他主体贯彻政策、解答困难提供参考的调研报告。

典型经验类调研报告重在总结先进经验，提供具有指导示范意义的做法。这类报告不仅陈述调研对象的发展过程、具体做法、重大成果，也有作者的分析评价和意见态度。

三、反映新事物类调研报告

反映新事物类调研报告是指对新出现的事物、现象、问题进行调研，揭示其性质、特点和影响的调研报告。

反映新事物类调研报告着重说明新事物的产生条件、发展阶段、主要内容和存在的问题。这类调研报告主要用于报告和评价新事物，作者一般对新事物呈现出支持、认可的态度。

四、揭露问题类调研报告

揭露问题类调研报告是指为了引起重视，针对党政机关、企事业单位工作中存在的问题，进行现象描述、原因分析并提出建议的调研报告。

揭露问题类调研报告的特点是具有鲜明的问题导向，揭露的问题具有一定代表性，能够引起相关部门或领导的重视，推动问题解决。

五、研究探讨类调研报告

研究探讨类调研报告是指对某一课题的调查资料进行记录描述，分析原因，对研究成果进行理论总结和研究探讨的调研报告。

研究探讨类调研报告往往是针对某一个课题进行的，具有一定的学理性。这类调研报告会把调研结果作为研究对象，进行理论总结。

调研报告可以大致分为以上五个类型，但是每个类型之间的区别并不是绝对的。多数调研报告都需要进行背景介绍、主要做法、工作特色、存在问题、改进建议等部分的撰写，区别主要在于调研报告服务的目标是什么、哪部分所占的比例最大。

小结

1.反映情况类调研报告。它是指对特定地区、领域、事物的现状等基本面进行全面系统的描述和反映的调研报告。

2.典型经验类调研报告。它是指以优秀的典型经验、实践模式为研究对象，深入研究，介绍其产生背景、主要事迹、重要成果、成功原因等信息，为其他主体贯彻政策、解答困难提供参考的调研报告。

3.反映新事物类调研报告。它是指对新出现的事物、现象、问题进行调研，揭示其性质、特点和影响的调研报告。

4揭露问题类调研报告。它是指针对党政机关、企事业单位工作中存在的问题，进行现象描述、原因分析并提出建议的调研报告。

5.研究探讨类调研报告。它是指对某一课题的调查资料进行记录描述，分析原因，对研究成果进行理论总结和研究探讨的调研报告。

第三节　拉框架：调研报告的结构

第 17 周工作例会　刘老师小课堂

刘老师：今天我们来说说调研报告的结构。大布，你说说调研报告包括哪些部分？

大布：调研报告应该包括标题、背景介绍、成绩或做法、问题、对策这几个部分。

刘老师：很好。调研报告包括标题、导语、主体（背景、做法、问题、对策等）、结尾几个主要部分。标题最常采用的是直接说明事由的模式，即《关于 xxx 的调研报告》，当然也可以采用主副标题式或其他方式。

大布：为了引起他人的注意，可以用疑问句做标题吗？

刘老师：可以。我们再说说导语。小新说说吧。

小新：导语一般是进行背景介绍，包括为什么要开展这次调研、主要聚焦什么问题、用了多长时间、去了哪些地方等信息。

刘老师：很好。导语通常包含情况介绍式、调研活动式、结论前置式几类。情况介绍式主要介绍调研背景和目的，调研活动式是详述调研的过程和方法，结论前置式则是将调研的结论放在前言部分。我们再说一下主体。主体是调研报告的主要部分，通常包括三段论式、横向式、纵向式。三段论式最常见，刚才大布已经说了，如基本情况、主要做法、问题及建议这几个部分，就属于三段论。我们要注意的是，三段论不是只有三段，而是有三个及以上逻辑层次。

小新：三段式用得最多，它可以和其他形式结合起来用吗？

刘老师：可以，只要能把问题和对策说清楚就行。我们再说说结尾。结尾可有可无，一般分为三类。总结全文式结尾主要是对主要观点进行总结，深化文章主题；希望建议式结尾主要是提出具体建议或改进措施；预测趋势式结尾则是对未来进行预测或设想。

大布、小新：明白了。谢谢老师。

了解调研报告的整体结构非常必要。调研报告一般由标题、前言、主体、结尾等部分构成。接下来，我们逐一介绍调研报告的结构。

一、标题

调研报告的标题是读者对报告的最初印象，标题要清晰、准确地表达出调研报告的主题，吸引读者阅读。标题体现作者的写作意图，是调研报告的"眼睛"。调研报告的标题有以下四种类型或写法。

（一）直接事由式

直接事由式标题是指直接对调研对象、调研内容、调研事由进行描述的标题。这类标题的参考模式是"（调研者）关于＋地点＋调研内容＋的调研报告"，具体可以有微小差别，如《关于×××市推进生态文明建设的调研报告》《关于东郊市"三孩"政策实施情况的调研报告》等。

直接事由式标题是一种常见的调研报告标题。这种标题能够指出具体的调研对象，清晰明确，客观具体，容易让读者了解情况。但是，这种标题比较正式呆板，偏于严肃，形式不够灵活多样，不够吸引人。

（二）陈述式

陈述式标题是指直接表明作者的论点或研究对象的特征等情况的标题。这类标题没有固定的参考模式，可参考的模式是"地点＋对象＋动词＋关键词"，如《东郊市在城市治理工作中呈现五大亮点》。

陈述式标题突出表明调研报告的核心观点，有时也可能表明作者赞成或反对的鲜明态度，形式比较灵活多样。这类标题的缺点是容易被作者的态度所影响。陈述式标题一般可以用在典型经验、优秀事迹、问题教训类调研报告中。

（三）提问式

提问式标题是以提问题的形式描述研究主题的标题。这类标题没有固定的参考模式，可参考模式是"疑问词＋动词＋调研对象＋关键词＋其他"，如《如何破解小城镇的人口外流趋势》。

提问式标题突出问题导向，容易引起人们的兴趣。但是，这类标题往往聚焦问题困难，有时容易遗漏调研地点等信息。这类标题常用于揭露问题、警示教训的调研报告中。

（四）主副标题式

主副标题式标题是指由主标题和副标题构成的标题。主标题一般突出关键因素，体现调研报告的主旨、作用，副标题一般是对调研对象等具体信息的描述。这类标题没有固定的格式，大致参考模式是"陈述式、提问式的主标题——直接事由式的副标题"，如《为有创新活水来——长三角地区高质量发展调研报告》。

主副标题式标题应用广泛，兼具严肃性与灵活性，基本可以用在各类调研报告中。

二、前言

前言也叫引言、导语，是指调研报告的开篇部分，往往会介绍调研的背景、目的、意义、方法和研究的框架结构。前言可以指引读者了解调研报告的大致信息。

调研报告的前言有以下三种类型。

（一）情况介绍式

情况介绍式前言是指介绍调研对象的背景、经过、现状、成绩、问题等基本情况，提出观点或问题的前言。这类前言比较常见，直奔主题，有利于了解调研对象的大致情况。

➲ 案例

《短视频平台从业人员思想引导研究——基于山东省部分网络人士的调研报告》（载于《中央社会主义学院学报》2023年第3期）一文中，作者在导言部分进行了调研背景介绍，并迅速引出主题。作者在引言部分描述道："新时代传播背景下，短视频用户规模快速扩张，由于网络的放大效应和视频冲击力，短视频影响力呈现几何级倍增。同时，短视频内容制作的门槛不高，任何人掌握简单的流程后均可发布，这导致短视频平台从业人员数量激增。"作者提出，开展统战工作需要对短视频平台从业人员加强思想引导，进而引出正文。

（二）调研活动式

调研活动式前言是指写明调研活动的起因、时间、地点、对象、经过、调研方法、人员组成等调研活动的情况，进而提出结论的前言。这类前言通过对调研活动具体信息的描述，使读者了解调研的来龙去脉，便于阅读全文。

➲ 案例

《科技日报》2023年6月13日刊载的文章《为有创新活水来——长三角地区高质量发展研究报告》中的导言部分对具体的

调研活动进行了细致描述："从 5 月中旬到 6 月，历时 24 天，连续跨越沪苏浙皖三省一市，科技日报记者全程跟随'高质量发展调研行'主题采访活动，看大国重器、访产业园区、进工厂车间、下田间地头，探寻长三角地区高质量发展的经验和秘诀。"

（三）结论前置式

结论前置式前言是指开篇直接描述调研主要成绩、存在的问题、趋势影响等核心观点的前言。这类前言使用频率不是非常高，但是观点明确清楚，便于读者快速了解。

● 案例

《当前高校青年教师群体思想观念调查报告》（载于《国家治理》2019 年 4 月第 3 期）一文中，作者开篇直接摆出主要论点。作者在开篇部分的"主要方向"方面，列举了下列内容：（1）高校青年教师群体从业的主要原因是"传播思想"和"实现学术理想"；（2）"海归青年教师"对"被要求访学"可能造成的"浪费教师时间精力""浪费国家资金"后果的认识更加深刻；（3）37.93% 的受访高校青年教师明确表示自己在课堂上或与学生的日常交流中会主动加入一些涉及世界观、人生观、价值观的内容；等等。

三、主体

调研报告的主体即调研报告的核心部分，主要阐述调研的主题、对象、数据以及相应的现状、做法、问题、建议。主体包含对调研对象的基本描述和对数据的分析解释。主体的类型主要有三段论式、横向式、纵向式等。

（一）三段论式

三段论式主体可以参考引论、本论、结论的方式，包含三个层次，基本模式是"基本情况—主要做法—意见建议"。三段论的前后部分一般不能颠倒。三段论式主体使用率极高，不足之处是创新性、灵活性不够。具体而言，三段论式主体可以分为以下几种。

1. 基本情况—主要做法—经验启示/效果反响（常用于经验典型类调研报告）。

2. 情况/成绩—问题成因—对策建议（常用于介绍情况类调研报告）。

3. 问题现状—形成原因—对策建议（常用于揭露问题类调研报告）。

4. 基本情况—主要做法/特征—对策建议（常用于介绍情况类、反映新事物类调研报告）。

以上分类不是固定刻板的，我们可以结合实际进行调整。

⊃ 案例

《关于广西发挥旅游业在乡村振兴战略实施中重要作用情况的专题调研报告》（载于《中国旅游报》2022 年 8 月 2 日）一文主体部分的布局属于"基本情况—主要做法—对策建议"的三段论模式。

一、基本情况及主要成效

（一）旅游业带动了产业旺和农民富。

（二）旅游业推进了乡村美和生态优。

（三）旅游业促进了文化兴和人才强。

二、主要措施

（一）坚持规划引领，注重制度支撑，加强旅游业推动乡村振兴的顶层设计。

（二）加大投入力度，完善设施建设，提升乡村旅游业的公共服务水平。

（三）抓好项目建设，增强品牌效应，赋能乡村旅游业提质升级。

（四）深化产业融合，促进旅游富民，提高旅游业助力乡村振兴的质量和效益。

（五）聚焦旅游消费，强化宣传营销，加快乡村旅游全面恢复和持续发展。

三、意见和建议

（一）深化思想认识，持续增强旅游业助推乡村振兴的顶层设计和制度保障。

（二）赋能产业升级，稳步提升旅游业助推乡村振兴的发展质量和综合效益。

（三）加强要素保障，不断提高旅游业助推乡村振兴的核心竞争力。

（四）拓展纾困措施，深入激发旅游业助推乡村振兴的发展后劲。

（二）横向式

横向式主体是指按照事物的组成部分、性质差别、特点分类等内容进行排布的主体。这类主体的特点是将调研对象展开为各个部分，如将成绩、问题等分类为若干子内容、子标题、多方面、多角度，从而反映出事物的内在特点。这类主体往往用在综合性强的大型调研报告中。

⊃ 案例

《2021年中国政务短视频发展调研报告》（载于《新闻论坛》2022年第6期）一文就是一种横向式主体的写作方式。作者对政务短视频账号分析、政务短视频运营分析进行了描述。在政务短视频账号分析方面，作者按照账号分类及分布、政务号影响力指数分析进行分类；在政务短视频运营分析方面，作者按照互动量分析、粉丝量分析、运营内容分析进行分类，体现出分类别的写作逻辑。

（三）纵向式

纵向式主体是指按照事物的发展阶段、时间顺序逻辑进行设置的主体内容。这类主体的特点是将调研对象按照事物发展顺序、调研活动顺序、时间顺序等进行排列，时间感更强。这类主体用得比较少，往往用在反映新事物类或者典型人物介绍类调研报告中。

调研报告主体部分的撰写不必拘泥于固定格式和类型，凡是能将需要介绍的基本情况、成绩、不足、对策写清楚的布局，都可以进行合理借鉴。例如，我们可以用正反对比、人物对话等方式进行报告撰写。

四、结尾

调研报告的结尾也叫结论，是指调研报告最后的总结部分。并不是所有调研报告都需要结尾，如果结论和主体的对策建议等内容重复，可以不写结尾。

调研报告结尾的类型主要包括总结全文式、希望建议式、预测趋势式等。

（一）总结全文式

总结全文式结尾主要是对核心观点进行总结，深化文章主题，引起人们重视。这类结尾比较常见，具有总结全文、强调主题的作用。

➲ **案例**

在《恢复独立建制与深化机制改革的期盼——对浙江昆剧团、浙江小百花越剧团的调研报告》（载于《中国戏剧》2023年第5期）一文的结尾，作者进行了简要总结："近年来政府对戏曲院团财政扶持力度明显加大，院团生存环境得到极大改善，从业者收入增加、干劲提高，但由院团撤销合并带来的遗留问题仍较为突出，需要进一步深化体制机制改革……"可见，作者对已有成绩、存在的问题、对策建议都进行了概要描述。

（二）希望建议式

希望建议式结尾主要是提出具体建议或改进措施，供领导或相关人员参考。

➲ **案例**

上一例中，关于浙江昆剧团和小百花越剧团的调研报告的结尾，作者虽然对全文进行了总结，但主要是提出意见建议："尤其是应该恢复院团独立法人建制，擦亮金字招牌，让院团拥有自主权，也更具激励作用的薪酬吸引和留住人才，以演出为中心环节。"这也属于希望建议式的结尾。

（三）预测趋势式

预测趋势式结尾会对事物发展趋势做出判断，展望未来的发展方向，引导人们深入思考。

有的结尾还会提及正文没有涉及的情况。总的来看，结尾部分应该简短精练，准确地反映出报告的主要结论，避免使用复杂或抽象的语言。

小结

1. 调研报告的结构包括标题、导语、主体、结尾等部分。

2. 调研报告的标题分为直接事由式、陈述式、提问式、主副标题式。

3. 调研报告的前言包括情况介绍式、调研活动式、结论前置式等类型。

4. 调研报告的主体包括三段论式、横向式、纵向式。

5. 调研报告的结尾包括总结全文式、希望建议式、预测趋势式。

第六章　　调研报告的撰写步骤

调研报告是调研活动的重要成果，关乎调研活动最终能否取得预期效果。撰写调研报告需要涉及主要做法、存在问题、对策建议等核心部分。调研报告比普通公文的综合性更强，涉及主体更多，文字量更大。

第一节　会收纳：整理好调研材料

第 18 周工作例会　刘老师小课堂

刘老师：今天我们讨论关于整理调研材料的话题。首先，我们需要确定好调研报告的主题。我们可以结合政府工作报告、重要科学决策、单位主业主责、公众关注的议题来确定主题。大布，你说说把握好调研报告的主题需要遵守哪些标准？

大布：一是主题要真实客观，不能脱离上级政策社会实际；

二是主题要深入系统，要指出调研对象的本质，不能浮于表面。

刘老师：小新也说说。

小新：主题还要有一定的新颖性，要有新的视角，探索新的方法。

刘老师：好。接下来，我们需要对收集到的调研素材进行分类。大布，你说说怎么分类？

大布：我认为先要定好标准。例如，根据调研主题的不同，我们要将材料按照政策法规、案例研究、专家观点等进行分类，这样方便后续的整理和分析。

刘老师：小新说说。

小新：我们还要用好纸质材料和电子数据。通过分装在文件盒或者文件夹等方式，对材料进行分类投放。

刘老师：很好。我们还要注意材料的及时更新。后期补充的材料要及时添加进相应的文件盒、文件夹中。最后，我们说说哪些材料能够用到调研报告中？大布先说。

大布：选取材料要注重全面运用，不同观点的材料、典型案例和经典论文，都是我们需要参考的资料。

刘老师：全面运用的前提是符合调研报告的主题，无关的材料直接剔除。小新说说。

小新：选取的材料要典型、鲜活，能够充分证明观点，材料之间要有一定的逻辑关系，比如是总分关系还是比较关系。

刘老师：非常好。要输出高质量的调研成果，我们就需要对调研素材做好整理、分类、加工。还有什么问题吗？

大布、小新：没了。

刘老师：那今天就到这里。

大布、小新：老师，再见。

在撰写调研报告之前，我们需要做好相应的准备工作，尤其要收集整理好获取的调研素材和调研信息。形象地说，调研素材就是米面粮油，我们的锅和火就是加工、整理和撰写，最后出来的调研报告成果就是菜肴。

一、确定好报告主题

调研报告的主题可以理解为调研报告的立意、主旨，或者是需要阐明的重要观点。确定好报告的主题就是立好靶子，围绕这个主题，收集和筛选与主题相关的资料，剔除无关资料，从而聚焦内容。确定调研报告的主题需要把握好以下三个标准。

（一）主题要实在

调研报告主题的实在是由调研活动的真实性决定的。这种实在，一方面指的是要围绕上级政策、单位要求、领导指示进行，不能随意地确定主题；另一方面指的是主题要结合前期的调研活动、调研对象的真实情况和工作实际来确定，不能随意扩大或缩小题目范围。

⊃ 案例

如果选择"东郊市'一核多元共治'基层社会治理情况"这一主题进行调研，我们首先需要熟悉掌握中央关于社会治理体系的政策法规，了解相关原则要求；其次还要了解其他典型地区近年来开展基层治理时采取的主要做法，形成初步印象，并在此基础上整理好材料，进行分析。其他多数地方都会采取的做法可以不写或少写，"人无我有"的特色做法、特色案例可以着重写、写清楚。同时，不必拘泥于段落文字的均衡性，典型人物、典型事物可以浓墨重彩，突出"见人见事见精神"，最终总结出好的特色做法，提出意见建议，推动社会治理法治化、现代化。

（二）主题要深入

调研报告的主题一般只有一个，其深入性是指主题应当深入、系统、有针对性地聚焦重点话题、重点问题、重点难题。

这种深入性可以体现在多个方面。一是要透过现象看本质，把握好主要部分、主要特征。二是要揭示出调研对象存在的问题或者隐患，揭露成因。三是要提出科学合理的意见建议，为科学决策和指导实践提供参考。

⊃ 案例

如果选择"东郊市儿童公园设施是否满足现有儿童的文体娱乐需求"作为主题，全文都要围绕这个中心，讲清楚东郊市儿童公园的具体情况、硬件设备、软件服务、困难障碍及其原因、可行的改进措施。不能宽泛地讲东郊市的公园的情况，这就属于对象聚焦不精准，因为很多公园是面对所有市民的，不是针对儿童或者亲子活动的；也不能把儿童公园的硬件齐全作为聚焦重点，回避儿童公园在日常管理、游客服务、安保维护等方面的问题。

调研报告的主题不等同于调研报告的题目。调研报告的主题可以理解为纲举目张中的"纲"，是一个贯穿调研报告全文的主要思想、主要观点，是一篇文章中的中心、核心。我们可以将主题理解为人体中的任督二脉。任督二脉是一个闭环的、影响全身的综合系统，主题同样是贯彻报告全文、影响全局的核心线索。

（三）主题要新颖

在围绕中心、服务大局的前提下，调研报告的主题要体现出时代性，反映当前的火热社会实践，有新颖独到之处。

这种新颖独到可以体现在多个方面。一是选取的角度、切口独特，是别人没有选过的，能够令人耳目一新。二是选取的对象、话题独特，要及时规避过时的、人们不太关注的话题，确保时效性。三是采取的方法、手段独特，这种独特不是标新立异、特立独行，而是指运用多种方法、多个典型、多种思维去确立主题，形成观点。

⊃ 案例

如果选择"东郊市产业结构转型"作为主题，在尊重调研材料和调研活动的真实性的前提下，我们需要找好新的切入点。我们可以将东郊市新经济组织的生产、加工、销售、服务的产业链发展情况作为切入点，从而得出产业结构调整的一些新思路；可以从城市定位和城市规划的角度进行切入，考虑城市政策对厂家布址、土地置换、村民回迁等活动的影响，从而得出政商关系互动的一些新启示；也可以聚焦快递小哥视角，通过他们的作业轨迹，了解城市的变迁地图，得出基础设施建设的新认识。总之，在精力有限的前提下，我们可以从中观、微观的视角纵深研究，得出新思路、新方法、新结论。

二、做好信息分类

对调研材料进行选取时，我们要有意识地对信息和数据进行分类，例如，通过一定的标准对纸质材料进行分盒、分柜存放，通过文件夹等方式做好电子材料的保存。

（一）定好分类标准

对调研素材进行科学分类是写好调研报告的重要前提。面对大量的调研素材，我们如果一边写作一边查找，不仅费心费力，还可能重复劳动，因此需要及时做好分类。

不同的标准对应的材料范围也不尽一致。我们可以根据材料的内容性质，按照经验做法、存在问题、对策建议的标准进行分类；根据调研对象的不同情况，按照先进典型、中间分子、落后案例的标准进行分类；根据参与主体的不同，按照党政机关、企事业单位、专家学者、社会群众等标准进行分类。

（二）做好信息归存

信息归存是对数据信息进行保存，避免数据信息丢失的重要办法。我们既可以通过纸质实体模式保存信息，也可以通过电子介质模式保存信息。

纸质形式的材料需要我们准备好文件盒、文件夹、文件袋，按照不同类别进行分装整理，还可以准备便笺、记事贴、便利贴等。材料中的重要部分要留好记号，方便查找，必要时进行铅笔涂画、折页留痕。

电子形式的材料要及时利用电脑、光盘、硬盘等物质载体，做好文件分类储存。现实中，被调研单位往往会通过座谈会、汇报会等形式，口头提供调研数据，或通过文档拷贝、数据传送等方式提供电子数据。针对电子数据，如以 Word、PDF、Excel 等格式保存的文档，以及以其他格式保存的图片、视频等资料，我们可以按照不同的分类标准及时保存在文件夹中，并做好文件备份，以防止信息数据丢失。

（三）及时更新整合

在调研素材缺失或难以满足写作要求的情况下，我们可以通过重新调研、材料催要、查找档案、查阅政策等多种方式及时更新信息。

针对新补充的调研素材，我们不仅要把握好真实性、客观性原则，做好甄别工作，去除虚假材料，还要注意比对数据，不同调研成员对不同被调研者提供的同类材料，要做好信息对接，掌握接近事实的、原汁原味的、权威科学的材料。

例如，调研组的副组长乙和调研组的成员丙都向某乡镇征集了该单位去年民主生活会的开展情况汇报稿，提供者来自镇党委办公室的不同人员，这两份汇报稿可能不一致。对此，我们可以优先考虑签字盖章的、官网发表的、时间靠后的、对方主要领导认可的材料，并通过及时询问、比对其他资料等方式，找到最符合实际的材料。

三、选择好相关材料

选取撰写调研报告的调研材料相当于对调研报告填充"血肉"。有人认为需要先筛选材料，再确定主题。笔者认为，确定好主题之后再筛选材料更加聚焦重点，节省时间，高效便捷，有助于达到写作"形散而神不散"的效果。

选取的材料应该是聚焦主题的主要事迹、主要案例、主要数据、重要观点、主要问题，我们要剔除与主题无关的细微材料，避免冲淡主题。

材料的选取需要遵循以下基本原则。

（一）素材收集要全面

调研期间收集的访谈记录、调研问卷、档案材料、个人笔记等，都是需要我们研究的对象。我们要聚焦调研报告主题，在主题"指挥棒"的指引下，做好调研素材的收集和整理，收集到的数据和信息应覆盖调研主题的大部分方面。

⊃ 案例

我们要研究"东郊市私家车对城市环境的影响"，就需要收集好这个主题下的所有相关材料。具体而言，涉及东郊市的私家车保有量、私家车的使用情况、不同气候条件下私家车对城市空气质量的数据、公共交通和私人车辆的系列指标的比较等多方面的数据。我们只有收集到足够全面的素材，才能展现出真实的信息，形成科学的结论。

（二）事例选取要典型

前期调研期间，调研人员会收集到大量工作案例和人物事迹。针对这些实例，我们要进行合理选择，选出典型数据、典型语言、典型人物，作为调研报告的组成部分。

选取典型事例，一是要与主题相关，与主题无关的事例无需关注；二是要具有代表性，能够反映某部分、某地区、某类型社会现象的重要情况；三是要分清主次，优先使用最能反映调研情况的做法、成绩、问题的素材。此外，我们还要注意对统计数据的使用，增强报告结论的说服力。

⊃ 案例

如果我们正在研究"东郊市数字经济的发展情况"，就需要对重点调研的几个对象进行挑选。我们可以选取数字经济发展较好和发展较滞后的企业进行对比，了解成功的原因和失败的教训，还可以对不同区县的数字经济发展水平进行比较，通过产业政策、营商环境、法治政府建设、数字政府建设等指标进行整理，从而得出东郊市数字经济的发展状况。

（三）材料选取有章法

材料选取有章法是指选取的材料之间能够具有一定的内在联系，有相关性。我们要选取与调研主题有直接的、内在的逻辑关系的材料，无关材料会使调研报告杂乱无章，分散读者的注意力。

材料的选取要注重相关性。我们要注意用好对比方法，收集好先进与落后、前期与后期、内部与外部、优秀与普通、正确与错误等不同调研对象的情况；要注意科学论证，选取的材料要能够证明观点，材料之间能形成"证据链"，清晰明确地说清观点；要注意用好总分关系，重要观点下分若干子观点，各子观点尽量有调研材料支撑。

⊃ 案例

　　如果我们要撰写"东郊市营商环境经济政策对小微企业发展的影响"的调研报告，在前期专题调研的过程中，我们可以围绕支持民营经济重要政策，聚焦若干个小微企业进行材料收集。对材料的选取和整合可以借鉴"三圈"理论，借助"价值"、"能力"、"支持"三要素的分析框架，对地区领导治理能力的评判、政策的公共价值和重大利益判断、企业和社会群体对政策的支持认可程度，进行材料整理，得出科学结论。

小结

　　整理好调研报告需要把握以下几点。

　　1.确定好调研报告主题。调研报告的主题要实在、深入、新颖。

　　2.做好调研信息的分类。我们要注意确定好分类标题，做好信息归类存档，及时更新整合数据。

　　3.选择好调研材料，具体包括收集素材要全面，要选取典型材料，要把握好材料之间的逻辑关系。

第二节　拉条目：拟定调研报告的提纲

第 19 周工作例会　刘老师小课堂

刘老师：今天主要讨论如何拟定调研报告的提纲。我们先从调研报告提纲的种类谈起，主要分为条目式提纲和观点式提纲两类。大布，你说说什么是条目式提纲？

大布点头说道：条目式提纲主要是根据调研内容，将其按照一定的层次和逻辑进行排布的报告提纲。

刘老师：很好。条目式提纲类似于书籍目录或者法规条目，一般按照成绩、做法、不足等逻辑分条分目进行排布，每个条目都应当简洁明了，突出主题。小新，说说什么是观点式提纲？

小新：这个不太了解。

刘老师：观点式提纲是将调研活动中形成的重要观点按照逻辑关系罗列出来的提纲，这类提纲侧重阐述不同主体的观点和见解，可以用在优秀事迹或者先进典型类调研报告中。接下来，我们讨论一下拟定调研报告提纲的原则。我先来说第一个，部分比例要协调。提纲中各个部分的篇幅应当适当，不能通篇全是成绩做法，没有问题不足或对策建议。大布，你说说第二个原则。

大布：我觉得材料取舍要得体。调研报告不可能包含所有的调研内容，那些与主题密切相关、能够支持观点的内容应当优先使用，而那些不太相关的则应当剔除。

刘老师：好。小新说说有没有别的原则？

小新：内容逻辑要清晰。报告提纲也要有一定的逻辑，可以是总分结合、按照时间顺序或者其他顺序排列。

刘老师：好。最后我们来说说报告提纲的结构，一般分为标题、前言（导语）、正文、结论。先说标题的写法，标题应当突出主题，简洁明了，让读者一看就知道报告的大致内容。小新，你来说说前言的写法。

小新：前言主要包括调研的背景、目的、时间、地点、方式、对象等基本信息，引出作者的核心观点。前言的作用是为报告开篇定调，让读者有一个总体的把握。

刘老师：非常好。大布，你说说主体部分的写法。

大布：现在说的是调研提纲的主体部分，不是调研报告全文的主体部分，因此只需要列出二级或三节标题即可。我觉得，一级标题可以按照基本情况、主要做法、存在问题、对策建议来列出；二级标题要根据调研时间，按照并列方式或者递进方式列出相应的三四个方面；三级标题在提纲中未必需要列出。

刘老师：非常好。总结一下，一级标题和二级标题是总分关系，二级标题是一级标题内容的子集，构成一级标题的总和。同理，二级标题和三级标题也存在总分关系。最后，我们简单说说结论部分。结论部分不是调研报告的必备要素。如果要写结论，应该言简意赅，表明全文主要观点，提出合理建议。你们还有问题吗？

大布、小新：没有了。

准备调研材料是调研报告的"血肉",拟定调研报告提纲就是搭建调研报告的"骨架"。撰写调研报告提纲是对调研材料进行分类整合和逻辑加工的过程。

一、调研报告提纲的种类

调研报告的提纲往往是调研报告全文的缩影,其主要有以下两种类别。

(一)条目式提纲

条目式提纲是指按照段落层次、章节条目的顺序,将调研的主要内容逐条列出的提纲。这类提纲在工作和生活中比较常见。

⊃ 案例

关于 ××× 的调研报告

近期,我们对 ××× 进行了调查研究。通过走访 ××× 家企业,进驻 ××× 街道乡镇,开展 ××× 次调研,获得 ×× 份材料。整体来看,×××。

一、××× 的基本发展状况

(一)组织体系上,×××

(二)人员结构上,×××

(三)宣传方式上,×××

二、×××存在的主要问题

（一）政策制定完善×××

（二）宣传推广存在×××

（三）资源配置不够×××

三、解决×××的意见建议

（一）发挥×××作用

（二）推动×××振兴

（三）撬动×××杠杠

可见，条目式提纲对调研报告的结构要求明确，同时需要在条目设置上做好布局，确保调研素材与条目标题互相匹配，形成合理的论证。条目式提纲可以按照总分关系层层推进，罗列出三级标题。

（二）观点式提纲

观点式提纲是指将在调研活动中形成的重要观点按照逻辑关系罗列出来的提纲。这类提纲用得较少，可以和条目式提纲结合起来使用。

● 案例

关于×××的调研报告

导语

一、关于×××方面

1.国企负责人的看法是，×××。

2.民企负责人的看法是，×××。

3.第三方组织的看法是，×××。

总结起来，我们可以看出，×××。

二、关于×××方面

1.从规划布局的角度看，有×××几种情况。

2.从人才"引育留用"的角度看，有×××几种情况。

3.从智慧赋能的角度看，有×××几种情况。

三、关于×××方面

1.在×××方面，需要落实×××政策法规。

2.在×××方面，需要推动×××创新形式。

3.在×××方面，需要发挥×××主体作用。

观点式提纲不拘泥于"三段论"格式，相当于对调研素材按照观点进行分类，按照不同标准列出重要标题、语句。之后，我们可以按照条目式提纲的写法，对这些标题或语句进行重新排列。这两种提纲都有相似之处，只要能将调研材料和重要论点标识清楚，可以灵活运用。

二、拟定调研报告提纲的原则

撰写调研报告的提纲需要把握以下三个原则。

（一）比例要协调有序

调研报告的提纲是一个整体，提纲的各部分的比例要注重协调均衡。

比例协调一方面和调研素材有关。调研过程中，如果某类社会现象存在的问题比较多、成绩比较少，相应地，调研提纲上，也要注意问题方面留足文字量和一定比例，不能为了文过饰非而一笔带过。另一方面和中心论点相关。经过前期调研，调研者已经对某类社会现象有了一些基本判断和初步结论，因此，调研报告提纲也要反映出来，针对核心的观点要设置较大的比例，分配更多的条目。

比例协调不是搞平均主义，而是围绕中心论点，进行谋篇布局，突出调研报告的重点内容。一般来讲，调研对象的主要做法和成绩、存在的问题及成因是重要的核心的部分，需要留足写作空间。

（二）材料要有舍有得

撰写调研提纲时，我们要围绕中心观点，对调研材料进行取舍比对，取舍时要考虑报告主题和提纲条目，注意前后照应。

首先，与调研报告主题无关的材料，无论内容充实与否，都要舍弃。其次，材料比较丰富的部分要在提纲里有对应的条目；材料比较匮乏的部分，提纲里的条目也要减少。基本原则还是论点与论据对应，不能胡编乱造。最后，在提纲撰写过程中，我们要及时对材料进行排列布置，可以将材料的关键词或材料编号列在提纲的相应条目里，这样方便后续全文撰写。

（三）条目要逻辑清晰

调研报告提纲的各个章节条目之间，以及各条目与相关的子条目之间，应按照一定的逻辑顺序排列，合理组织分布。

调研报告的提纲需要把握几点。一是标题与正文部分是总分关系，标题是对全文的统摄，正文各部分是对标题的解释说明和拓展。二是各个一级标题之间具有内在联系。这种联系可以是递进式，逐层推进；也可以是按照时间，前后排布。三是一级标题内部的各部分同样需要有逻辑关系，既可以是总分关系，也可以是并列关系。

三、调研报告提纲的结构

调研报告提纲的结构包括标题、前言（导语）、正文、结论等部分。调研报告的提纲，不是调研报告全文，但却是报告写作的重要参考和撰写指南。撰写调研报告提纲，我们需要遵循一定的章法。

（一）提纲标题的写法

提纲标题应列明调研报告的主题和重点内容。对于提纲的标题，需要把握几点。

第一，初步确定方向。初学者可以初步写出一个直接事由式的标题，框定主要的写作方向，形成主题聚焦，避免无关内容出现。

第二，及时进行调整。标题至关重要，甚至在调研报告成文时，还要根据调研精神和逻辑布局，重新拟定。在撰写报告的过程中，要及时复盘整个调研活动，比对材料，请教部门领导或者专家前辈，拟出好的标题。

第三，突出核心亮点。单位领导、专家学者见到的调研报告比较多，如果标题不起眼，很可能没法引起领导兴趣，更谈不上圈阅转发或者指导工作。在标题草拟方面，需要把握好全文的核心，务必突出主旨，告诉读者要写的是什么问题；还要用好修辞手法、特殊句式等形式，在尊重文意的情况下，引人关注。例如，提问式的标题就比直接陈述式的标题更吸引人。

（二）提纲前言的写法

提纲的前言主要是对调研背景、调研活动、调研对象等信息的简要介绍。对于提纲前言，需要把握以下几点。

第一，不必面面俱到。调研报告的前言篇幅较小，以一个自然段为主。提纲前言，内容可以更加简练。

第二，突出关键信息。调研报告提纲的前言，主要说清楚调研目的、调研时间、调研对象、调研地点、调研方式等情况即可。

第三，字数不用过多。既然正式调研报告中的前言内容就不多，提纲前言可以更少，一百字左右也可以，有的提纲里甚至可以不写前言。

（三）提纲正文的写法

提纲的正文部分是提纲的核心部分。我们主要按照三级标题的框架进行简要介绍。

1. 一级标题的写法

一级标题一般是调研报告中最显眼的部分，可以分为现状、成绩、问题、建议等几大部分。一、二、三级标题的字体分别是"一、黑体"；"（一）加粗楷体"；"1. 加粗仿宋"。

一级标题可以按照"基本情况、存在问题、对策建议"或"主要成绩、存在问题及其成因、对策建议"等思路进行构思。一级标题之间是一个互相协调的整体，要求前后部分有相关性和逻辑性。粗略地说，一级标题的总和等于调研报告的标题或者主题。

⊃ 案例

关于×××污染防治情况的调研报告

一、×××污染防治方面开展的主要工作

二、×××污染防治方面取得的重要成绩

三、×××污染防治方面形成的经验启示

上述报告属于经验典型类调研报告，所以不需要过多描述防治工作存在的问题。当然，作为背景介绍，前言里可以描述以前存在着污染方面的问题。同样，二级标题、三级标题也不需要描述防治工作的问题。其他类型的调研报告，我们可以按照相应的结构，结合实际酌情描述存在的问题。

2. 二级标题的写法

二级标题是一级标题下面的子标题，每一个一级标题后面往往都会跟随着三五条二级标题。二级标题是对一级标题的细化、拓展。一、二级标题一般都独立成段。

同一个一级标题下的二级标题之间，是具有内在关系的。二级标题是一级标题内容的子集，二级标题与一级标题之间是分总关系。同一个标题内部的二级标题之间往往是并列关系，内容上一般不能互相取代。

⊃ 案例

关于×××污染防治情况的调研报告

一、×××污染防治方面开展的主要工作（一级标题）

（一）开展绿色治污，做好"两污"处理工作（二级标题）

（二）开展科技治污，开展绿色有机农场建设

（三）开展系统治污，推动生态系统恢复工程

……

3. 三级标题的写法

三级标题一般是段落内部的某些句群的提要句。三级标题是

对二级标题内容的细化、拓展。

调研提纲一般不用写到三级标题。当面临的是综合性、大型调研报告，或需要多人撰写，便于分工时，也可以列出三级标题。

⊃ 案例

关于×××污染防治情况的调研报告

一、×××污染防治方面开展的主要工作（一级标题）

（一）开展绿色治污，做好"两污"处理工作（二级标题）

（二）开展科技治污，开展绿色有机农场建设

（三）开展系统治污，推动生态系统恢复工程

1. 完善国土空间开发规划布局（三级标题）

2. 做好山水林田湖草沙一体化修复

3. 加强多部门环境综合治理

……

（四）提纲结论的写法

多数的调研报告不需要单独写结论。如果写的话，我们可以简要说明调研目的、调研意义、改进对策、努力方向。同样，调研报告提纲里可以不写结论。

调研报告的提纲有时不是一次完成的。受政策执行情况、单位职责要求、部门领导意图、材料齐全程度等因素影响，调研报告提纲的题目、正文、结论都需要适时调整。

调研提纲案例

高举旗帜聚思想，凝心聚魂强根基

——新时代党的创新理论武装工作调研报告

一、新时代党的创新理论武装工作经验做法

一是突出顶层设计，健全体系机制，理论学习制度化规范化

二是创新工作举措，打造特色品牌，理论宣传大众化特色化

三是重视队伍建设，选育优秀人才，理论宣讲分众化互动化

四是加强全面保障，整合各类资源，理论武装常态化长效化

二、党的创新理论武装工作存在的主要问题

一是思想认识不够到位，理论学习的积极性主动性有待增强

二是组织领导不够有力，理论武装的全域性均衡性有待提升

三是形式载体不够丰富，理论宣讲的创新性特色性有待深化

四是学用结合不够紧密，理论贯彻的针对性实效性有待提高

五是人才建设不够扎实，基层队伍的专业性稳定性有待改善

六是课程配套不够及时，高校阵地的前沿性传播力有待加强

三、坚持不懈用党的创新理论成果武装头脑、指导实践、推动工作

一是提高思想认识，加强组织领导，夯实党的创新理论武装思想自觉行动自觉

二是深化理论研究，推动理论转化，提升党的创新理论的先进性指导性

三是坚持面向基层，丰富宣讲载体，增强党的创新理论的吸引力感染力

四是选育优秀人才，加大培训力度，推动党的创新理论武装高质量发展

（本提纲根据于丽、王孟秋发表在《党建》2023 年第 5 期上的原文进行摘录）

· · ·

小结

1.调研报告提纲的种类包括条目式提纲和观点式提纲。

2.拟定调研报告提纲的原则包括内容比例协调、材料取舍得当、条目逻辑清晰。

3.调研报告提纲的结构包括标题、前言、正文、结论。标题要突出核心观点，前言要突出关键信息，正文要列明一、二、三级标题，结论要言简意赅。

第三节　敲格子：调研报告的撰写

第 20 周工作例会　刘老师小课堂

刘老师：今天我们主要讨论调研报告的撰写。调研报告的主要部分包括导语、主体和结论等方面。大布，你来谈谈怎么撰写

前言。

大布：前言是调研报告的开场白，介绍调研背景、目的、时间、人员、对象、地点、方法等信息。

刘老师：非常好。小新，你来说说调研报告正文怎么写。

小新：正文是调研报告的核心部分。从内容上看，正文可以分为基本情况、主要做法、存在的问题、对策建议几个部分。其中，前两个部分有时可以合起来写。具体来看，每一部分都要包含主要论点、调研数据和内容分析。

刘老师：好。我简单说说结论部分。结论部分可有可无。如果写的话，可以提出建议，总结经验，预测风险，展望未来，等等。我们除了要了解每个部分的大致写法，还需要对全文的逻辑布局进行梳理。调研报告的行文逻辑可以分为总分关系、递进关系和例证关系。大布先说说总分关系。

大布：具体来说，报告标题与报告全文是总分关系，每个一级标题与二级标题是总分关系，每段段首提要句与段落扩展句是总分关系。整个报告就像一个树形结构，树干是调研主题，树枝就是各个论点和数据分析。

刘老师：小新说说递进关系。

小新：递进关系是指我们在阐述论点时需要逐步推演，前后部分之间顺序不可逆，每一点都是在前一点的基础上递进展开的。

刘老师：很好。我简单说一下例证关系，其实就是观点与材料的佐证与被佐证关系。每一个观点都是对具体事实的抽样概括，每一个事例都是观点的具体体现，即有一分证据说一分话。最后，我们说说调研报告的修改，具体包括报告标题、篇章结构、具体内容的修改。大布先说说。

大布：修改标题主要为了保证文题相符，我们要根据报告的主要内容来拟定标题，也可以通过修辞手法对标题进行加工，突出调研主题。

刘老师：小新说说。

小新：修改篇章结构要考虑逻辑顺序，保证一级标依照"提出问题、分析问题、解决问题"逐次递进。二级标题要与段落内容相适应，注意内容不要交叉重复。

刘老师：非常好。最后说说修改具体内容。我们需要保证数据材料真实可靠，文字语言语法正确，典型事例选取得当。还有什么问题吗？

大布、小新：没了。

调研报告提纲拟定之后，我们要根据调研主题分步骤、分段落地写好调研报告。调研报告包括标题、署名、前言、正文、结论几个部分。标题即调研报告的题目，一般可以分为单标题和主副双标题。署名即调研报告的作者，可以是个人署名或单位署名。这两部分比较简单，下面我们主要对调研报告的前言、正文、结论部分的撰写进行阐述。

一、调研报告主要部分的撰写

（一）调研报告前言的撰写

调研报告的前言主要介绍调研的背景，具体包括调研时间、调研地点、调研经过、调研方式、调研主题、调研成果等。

调研报告的前言相当于调研报告的引子，需要开门见山，让读者了解调研报告的一些基础性信息，阐述调研目的和意义。

———————————————————————— • • •

调研报告前言的参考框架

为了贯彻×××精神，了解×××情况，根据×××部署指示，我们开展×××主题的调研。调研期间，我们深入走访×××等地，开展×××问卷调研和×××访谈，召开××次座谈。通过调研，我们了解到×××基本情况，得出了一些×××结论，形成本调研报告。

———————————————————————— • • •

调研报告前言是引起读者兴趣的重要段落，字数虽然不多，却起着提纲挈领的作用，需要引起足够的重视。

➲ 案例

《关于深入实施新时代人才强国战略，加强国际创新人才队伍建设的调研报告》（载于《中国发展》2022 年第 22 卷第 5 期）一文的前言部分如下：

"为深入贯彻落实习近平总书记重要讲话精神，切实了解我国实施人才强国战略和建设国际创新人才队伍的情况，分析当前存在的客观差距和难点问题，全国政协常委、副秘书长，致公党中央常务副主席蒋作君，全国人大常委会委员、华侨委副主任委员，致公党中央副主席曹鸿鸣组织专家组于 2022 年 5 月开展"深入实施新时代人才强国战略，加强国际创新人才队伍建设"线上调研，涉及中国科学院生物物理研究所、北京未来科学城、亦庄经济开发区北方华创科技公司等单位，并召开座谈会，邀请教育部、科技部、中国科学院等部门同志介绍相关情况，组织党内专家进行研讨。此外，致公党中央还委托致公党福建省委会、贵州省委会有关同志就相关问题开展调研。结合调研和座谈会实际，形成本报告。"

该前言部分首先介绍了调研目的，接下来对调研人员、调研时间、调研主题、调研方式进行了描述，然后，作者又对调研地点、调研形式、调研对象进行了说明，最后形成了调研报告。该前言言简意赅，主题突出，值得借鉴。

在前言部分，我们也可以考虑加入调研报告的简单情况或初步结论，为正文做好铺垫。

（二）调研报告正文的撰写

调研报告正文是调研报告的核心。调研报告正文的基本结构分为基本情况、存在的问题、对策建议三部分，其他结构一般是在这个基本结构基础上的变种。

1.基本情况部分

调研报告正文中的基本情况部分主要是介绍调研对象的具体情况或者主要成效，具体包括调研对象的产生背景、各阶段的发展状况、工作的主要做法、取得的重要成果、反映的重要特点等。

基本情况没有固定的逻辑，主要是条目标题句＋内容拓展句。条目标题句一般需要具备一定的结构，内容拓展句需要结合调研数据、调研结果进行添加。

我们可以参考的基本情况的条目标题或结构思路如下。

组织机构构成＋覆盖区域层级＋宣传推广方式＋内部组织管理＋服务帮扶内容＋科技智慧扩容＋监督监管指导。

此结构可以理解为党政机关工作或者事物发生发展的一般过程，即先进行规划布局，再进行政策宣传推广，接下来做好服务保障，最后做好监督监管，形成实际效果等。

不同调研主题、调研对象的基本情况各不相同，基本原则还是要实事求是，写出特点。

⊃ 案例

中央组织部组织二局撰写的《推动非公企业发展 夯实党的执

政基础——关于非公有制企业党建工作的调查》（载于《光明日报》2012 年 7 月 17 日）一文分为做法与成效、形势与挑战、思路与措施三个部分。做法与成效部分又分为六个部分，我们以第一个做法成效为例。

1.突出重点扩覆盖，党在非公企业的影响力不断增强

在学习实践科学发展观活动和创先争优活动中，各地围绕加强基层组织目标，以规模以上非公企业为重点，开展"集中组建年""组建攻坚季""组建推进月"等活动，采取单独组建、区域联建、行业统建、党群共建等多种形式，不断扩大党在非公企业的组织和工作覆盖面。广西、辽宁、福建、新疆等地开展"百日攻坚行动"，在较短时间取得突破性进展。上海金桥、苏州和郑州等国家级经济技术开发区规模以上非公企业党组织组建率达 100%。据统计，截至 2011 年年底，全国非公企业已建立党组织 36.8 万个，覆盖企业 98.3 万家；工会组织覆盖非公企业 285 万家，会员 1.38 亿人；31.4 万家非公企业独立建立了团组织，覆盖 35 岁以下青年 1 611 万人。

从该报告基本情况的内容来看，作者在突出重点扩覆盖方面，主要强调非公企业党组织的覆盖面不断拓展。具体而言，表现在非公企业的党建活动形式多样、党组织组建速度加快、党组织数量较多、工会组织覆盖人群较多、团组织覆盖人群较多。作者通过一系列数据，证明党在非公企业的影响力越来越大，内容比较客观真实。

2. 存在的问题部分

调研报告正文中的存在的问题部分需要写清楚调研过程中出现的一些阻碍工作开展、具有负面影响的问题和困难，具体包括思想理念、业务工作、方式方法、指导帮助、社会支持等方面存在的不足。

存在问题部分同样没有固定格式，我们需要结合调研对象所展现出来的或者隐藏着的问题、风险、隐患，进行归类整理。

我们可以参考的问题不足的标题条目或结构思路如下。

1. 主体法。党政机关帮助指导不够＋企业等市场主体创新能力不强＋社会群众认可程度不高＋社会群体与第三方力量参与治理不力。

2. 过程法。规划布局前瞻性不够＋宣传引导方式僵化＋企业自主研发能力不强＋部门规范监管不够＋部分党员干部作风不够扎实。

同一类事物在问题方面容易有共性的部分。有的调研报告在揭露问题不足时，也会写明形成原因。通常，问题所占的部分要比原因所占的部分比例高一些。

⊃ 案例

中央层面整治形式主义为基层减负专项工作机制办公室调研组撰写的《推动解决形式主义突出问题为基层减负贯彻落实情况调研报告》（载于《秘书工作》2019 年第 9 期）一文，分为前段落实《通知》的主要做法和成效、当前落实中存在的难点和问题、更加有效推动落实的对策建议三大部分。在"当前落实中存在的难点和问题"部分中，作者指出四种问题，我们以第二个问题为例进行摘要。

（二）手电筒只照别人不照自己，正视问题的自觉不够。然而调研了解到，力戒形式主义的手电筒只照别人不照自己的现象，在中央和国家机关以及省级部门中依然存在。有领导干部反映，当前抓好为基层减负工作落实，部门是薄弱环节，条条管理的思路造成在工作协调上产生很多问题，一些部门基本还是按照老思维、老套路工作，按照上级部门的要求办。有同志说，地方上一些强势部门认为自己的工作有法可依、有规可循，是上面布置下来的，动不得减不得。大家普遍反映，形式主义就在身边，不能只盯别人、不看自己，上级机关和领导干部要勇于刀刃向内，敢于正视问题，通过带头克服自身的形式主义来推动解决普遍存在的形式主义。

从上述报告中存在的问题部分来看，作者指出有的部门存在正视问题的自觉性不够的问题，具体而言，部分中央机关和省级部门检视不足，条块部门协调不够，存在按过去经验办事现象，强势部门官本位意识严重。可以说，报告指出的问题很直接、很深刻。作者通过列举言论和事实的办法证明观点，可读性比较强。

3.对策建议部分

调研报告正文中的对策建议部分主要是针对调研中发现的问

题，借鉴好经验好做法，针对性地提出的工作思路、意见建议，具体可以包括加强思想政治教育、科学调研论证、做好政策宣传推广、注重创新体制机制、加强监督监管、落实人财物的资源保障等。

对策建议部分同样没有固定格式。我们需要结合调研实际，从正反两方面提出合理建议。正的方面，可以通过提炼该调研对象的好的工作举措、创新做法来实现，也可以通过借鉴和调研对象相类似的其他地区、其他部门、其他人员的好做法来实现。反的方面，可以通过对调研对象问题不足的解决来实现。对策建议部分和存在问题部分的条目顺序不必一一对应，可以归类整合。

我们可以参考的对策建议的标题条目或者结构如下。

加强工作的组织领导＋做好政策和典型的宣传引导＋创新工作的方式方法＋完善人财物的服务保障＋加强作风建设＋加强对党政干部的监督约束＋加强对市场主体的规范监管等。

对策建议部分不需要篇幅过多，一般要少于基本情况（做法成效）的部分。我们要注意对策建议应切实可行，围绕调研中发现的问题，提出合理建议。

⊃ 案例

重庆市总工会课题组撰写的《关于党建带工建助力乡村治理的调研报告——以重庆市丰都县实践探索为例》（载于《重庆行政》2023 年第 3 期）一文中，作者按照工会助力乡村振兴的实践探索、问题不足、对策建议三个部分进行谋篇布局。在对策建议部分，作者提出四点建议，我们以第一个建议为例摘要分享。

（一）拓宽组织覆盖，治理提升乡村自治水平。

一是要层层落实责任。这部分提出区县、乡镇两级党委要发挥党建引领优势，将基层工会建设纳入年度党建考核内容，明确牵头部门和责任人。

二是要坚持党工共建。这部分提出要推广丰都县农民工输出地建会经验，依托基层党组织建设健全"小三级"工会组织体系，普遍设立村级工会组织。

三是要广泛发动入会。这部分提出通过发放工会手册、宣传资料，入村进户开展工会知识宣传，让农民工及其家人了解加入工会的好处。

从上述对策建议部分来看，作者从党委、部门、地区、工会等主体的角度，提出各自完善工会组织的具体办法。作者充分借鉴既有做法，提出合理意见，比较符合当地实情，具有一定可行性。

（三）调研报告结论的撰写

调研报告的结论也叫结语。调研报告的结论可有可无，多数调研报告尤其是非科研类调研报告不需要写结论。结论一般可以分为以下几种。

第一，提出意见建议。这部分类似于对对策建议部分的概括总结，需要突出重点，提出合理建议。

第二，提出存在的问题。这部分既可以重申前面正文的"存在问题"部分，也可以对将来可能发生的问题隐患进行提醒、告诫。

第三，进行经验总结。这部分主要对工作成绩、主要做法、典型材料进行提炼总结，形成可供他人借鉴的重要信息。

第四，其他说明事项。有的结论部分需要说明附加材料，如调研数据、专题材料等信息。

二、调研报告内容的逻辑要求

调研报告和议论文有相通之处，即通过列举调研对象的主要活动、成效事实，提出存在的问题和不足，分析问题成因，提出解决对策。议论文的三要素见表 6-1。

表 6-1　议论文三要素

议论文三要素	要素的各自组成部分		
论点	总论点	分论点	子论点
论据	理论论据（名人名言、定理公理、俗语谚语）	事实论据（事实、数字）	
论证	归纳法（例证、概括）	演绎法	比较法（对比、类比）

对调研报告的内容进行组织需要统筹协调，形成统一布局，

保证各部分比例协调，论证科学严谨。调研报告的撰写需要考虑以下逻辑要求。

（一）总分关系

调研报告的各个部分应该具有明确的总分关系，即各部分的内容总和构成总体，各部分围绕总体目标展开，各部分之间也具有内在联系。

总分关系贯穿调研报告的全文。从布局来看，报告的题目是总体，报告的前言、正文、结论是部分。从内部来看，正文的全部是总体，基本情况、存在问题、对策建议是部分。从子集来看，基本情况是总体，相应的组织设置、人员分配、工作落实、宣传引导等工作做法是部分。再往下分，组织设置是总体，党政机关、群团组织、社会力量设置情况也是部分。

（二）递进关系

调研报告的各个部分又具有一定的递进关系。这种递进关系指的是各部分之间是逐次推进、逐步演化、顺序稳定的次序关系。递进关系不是并列关系，并列关系的各部分之间的顺序有时可以互换，递进关系的各部分之间的顺序不可以互换。

➲ 案例

2020 年 5 月，苏州产业链全球合作云对接活动启动，苏州市委书记蓝绍敏作的主旨演讲思路如下。昨天的苏州，我们以实干为笔，在岁月的卷轴中绘就"千树万树梨花开"的产业胜景；今天的苏州，我们以协同为基，在现实的淬炼中创新"千磨万击还坚劲"的产业思维；明天的苏州，我们以奋斗作序，在前行的航程中开辟"直挂云帆济沧海"的产业未来。

这里的昨天、今天、明天就是一种时间上的先后顺序，同时又有产业基础、创新实践、未来规划的逻辑推进，也是一种递进关系，这三个部分的顺序不能互换。

从正文的结构看，常见的"基本情况——存在问题——对策建议"结构，就是一种递进关系，这个结构的逻辑实质就是提出问题、分析问题、解决问题。同时，基本情况等每一部分内部也可以是递进关系，如组织设置、人员分配、宣传引导、工作落实、监督监管，就是一个逐步推进的工作顺序。其他的递进关系还包括：产品的生产、加工、流通、销售；产、学、研、用；引、育、留、用；存量、变量、增量、质量；党政、企业、社会力量、群众；横向到边，纵向到底等。

（三）例证关系

例证关系就是指调研报告所使用的调研材料、数据，能够支撑或证明提出的观点。如果说调研报告的各部分的论据支撑不了论点，这样的调研报告就缺乏说服力，很难被上级机关采纳和推动决策。

在调研报告中，证明或者支撑观点的论据有很多类型。第一种是数据。使用合适的数据能够论证观点的科学性。尤其是经过抽样调查、问卷调查得出的数据，比较严谨规范，在特定范围内可以证明观点。第二种是事实。体现事实的形式有很多种，如专家的说法、职工的意见、群众的言论。调研报告可以充分运用鲜活的资料、真实的对话、专家的意见来说明自己的观点，从而增加权威性、科学性、可读性。

三、调研报告的修改完善

调研报告初稿完成后，往往存在结构、内容、逻辑、数据、文字、标点等问题或不足，执笔人一般需要经过多次修改才能定稿。

从修改的主体上看，修改可以分为个人修改和组织修改。个人修改，指的是执笔人本人或者邀请他人对报告初稿进行修改，最终形成定稿。组织修改，指的是执笔人将报告初稿提交调研组成员或者上级领导，经过多方讨论，进行意见征求，最终形成定稿。

调研报告内容的修改主要包括以下三个方面。

（一）修改报告标题

标题是调研报告的眼睛。修改调研报告的标题需要把握以下几点。

第一，注意符合主题。我们要让读者一看到标题就知道调研报告写的是什么事情，关注的是什么热点问题。报告的标题要直奔主题，不用刻意用修辞手法将题目搞得云里雾里、花里胡哨。

第二，注意文字工整。文字工整是指有一定的格式要求，文字具有美感。如考虑句式对称、格式对仗、词语押韵等方法。

第三，注意形式创新。我们可以运用提问句、双标题等方式，在符合调研主题的前提下，让调研报告的标题更加新颖独特。

（二）修改篇章结构

篇章结构是调研报告的骨架。修改篇章结构需要把握以下几点。

第一，注意结构的完整性。完整的调研报告一般包括前言、基本情况、存在问题、对策建议，有时也包含结尾部分。这几个部分不能缺失，也不能顺序错乱。

第二，注意一二级标题的搭配。一级标题需要涵盖基本情况、主要成效、存在问题以及成因、下一步意见建议。二级标题，需要考虑递进关系。同一个一级标题下的二级标题，要有章可循，一般按照时间顺序、逻辑顺序、总分关系进行布局。

第三，注意各部分的比例。一般来讲，基本情况、存在问题、对策建议三部分中，基本情况要占到 50% 以上的篇幅，存在问题占到 25% 左右的篇幅，对策建议占到 20% 左右的篇幅，其他部分占 5% 左右的篇幅。但是不同形式的调研报告侧重点各有不同，需要结合实际灵活把握。

（三）修改具体内容

具体内容是调研报告的血肉。修改具体内容需要注意把握以下几点。

第一，突出引用的真实性。调研报告引用的材料比较多，可以分为领导讲话、调研数据、专家建议、个体发言等。要反复对比，不能出现文字错误。领导讲话的引用需要查看原始出处，调研数据需要核对适用范围，专家意见需要考虑专业领域的权威性，个体发言需要考虑党政干部、企事业单位人员、群众代表的真实愿意，不能牵强附会。

第二，注意典型案例的选取。能够证明观点的事例有很多，我们要尽量选取在区域内、行业内、领域内有代表性的典型人物、典型事件、典型做法、典型方法。同时，要注意证明力问题，注意引用多数人的看法见解，不能用局部的狭隘经验来验证观点。

第三，做好文字标点的核对。我们要通过通读全文、邀请他人修改等方式，检查文字、标点、引文，及时修改细微问题。一般来说，调研报告的题目是方正小标宋简字二号，一级标题是黑体三号，二级标题是楷体三号，三级标题是仿宋体三号加粗，正文是仿宋体三号。

小结

1. 调研报告主要部分的撰写包括前言、正文、结论部分的撰写。

2. 调研报告内容的逻辑要求包括总分关系、递进关系和例证关系等。

3. 调研报告的修改完善包括对调研报告标题、篇章结构、具体内容的修改。

第四节　求突破：调研报告的新写法

第 21 周工作例会　刘老师小课堂

刘老师：今天我们主要讲讲调研报告的创新写法。常规的调研报告很多人都会写，不出彩，也无大毛病。路要一步步走，掌握基本的调研报告写法后，再去求新求变，不能"楷书没写好，直接奔行草"。两位谈谈撰写调研报告时有可能进入的误区。

大布：我先说说。第一个误区是题目不新颖，有的题目写得平白朴素，不吸引人。第二个误区是固守"三段论"，照搬做法、问题和对策。第三个误区是头痛医头，只关注表面，不解决深层问题。

刘老师：小新说说。

小新：比如语言不接地气，过于专业；内容冗长，空话套话多，等等。

刘老师点点头：很好。其实还有别的问题，这里就不一一列举了。小新，你来说说调研报告怎么能写得创新一些?

小新：第一个是标题求新，报告标题要用好双标题、修辞手法，突出主题，各级标题要有特点、有干货；第二个是篇章结构求新，不局限于"三段论"，内容要写得充实些。

刘老师：好。大布说说在调研报告求新方面有哪些注意事项?

大布：第一个是例证得当，避免堆砌数字，过多的数据会显得枯燥乏味；第二个是避免过度叙述化，调研报告不是报告文学，应以事实和逻辑为主，不是讲故事。

刘老师：非常好。我再补充一点，就是立场要客观，不能过度情绪化。今天谈得很透彻，你们还有别的问题吗?

大布、小新：没有了。

初学者在了解了一些写作方法，阅读了一些调研文章后，基本都能写出一份中规中矩的调研报告，但想要得到上级或领导的赞许，得到重要报纸杂志的发表机会，却并非易事。我们需要在坚守调研报告的基本写作原则、方法、思路的前提下，结合工作实际，创新方式方法，争取写出高质量的调研报告。

一、撰写调研报告的十大误区

撰写调研报告需要注意避开以下误区。

（一）题目不新颖

常见的调研报告题目的写法是"关于＋调研对象＋情况＋调研报告"，虽然直入主题，但是容易枯燥死板，缺乏新意。

⊃ 案例

《关于东郊市乡村振兴建设情况调研报告》这个题目就比较平淡无奇，我们可以将其修改为双标题或细化调研视角，如从党建引领的角度切入。

（二）固守"三段论"

作者拘泥于"基本情况＋存在问题＋对策建议""存在问题＋形成原因＋对策建议""主要做法＋成功经验＋重要启示"等"三段论"的写作方法，不会灵活变通。

⊃ 案例

《关于×××污染防治情况的调研报告》一文分为三个部分，分别是×××污染治理卓有成效的工作、×××污染治理的基本经验、×××经验对全国×××污染防治工作的启示。这三个部分的标题属于三段论的结构，文字表达中规中矩，缺乏新意。另外，"经验对全国的启示"有些夸大。

（三）"头痛医头"

有的调研报告站位不够高，提出对策建议时只是点对点，或者泛泛而谈，缺乏系统性的思维，对调研对象、省市县乡情况和部门实际结合得不够紧密。

⊃ 案例

《关于×××市农村思想政治工作调研报告》一文对该地农村思政工作存在的问题和主要措施进行了详细描述，在对策建议方面，提出了三点，即"强化工作统筹，强化工作创新，强化工作实效"。这三个对策的标题略显简单，针对性不强，中央政策、省市县情结合得不够紧密。

（四）语言不接地气

有的调研报告文风比较正式，缺乏接地气的语言和鲜活的群众实例。

⊃ 案例

有的先进典型类调研报告使用四个"只为"概括主要工作做法——只为坚定理想信念、只为夯实业务本领、只为服务困难群众、只为推动智力扶持。这四个"只为"有些生搬硬套，不够鲜活有力。同时，智力扶持和服务群众之间内容有交叉，智力扶持也是群众服务的一种方式。

（五）内容冗长

有的调研报告长达一两万字，内容啰唆重复，忽视了读者的阅读体验。

● 案例

有的调研报告属于某类业务性、常规性情况的小型调研，并不是大型的综合性调研，一般来讲，字数控制在五六千字左右就能够说清楚缘由，提出合理建议，不必动辄写上一两万字。

（六）空话套话多

有的调研报告形式固定，文字古板，缺乏感情。

● 案例

《关于×××市推进绿色发展的调研报告》一文内容包括分析该市的优势和劣势、支持绿色发展的重要意义、发展旅游休闲产业的重要建议，整体框架简洁干脆。在对策建议方面，作者分为"夯实基础"和"创新政策"两个部分，在"创新政策"部分，作者又提出三个对策，分别是"土地政策、税收政策、配套政策"。作者这样的表述略有不足。一方面，"夯实基础"有些宽泛，需要细化标题内容，如夯实哪个领域的基础；另一方面，对策建议要求有针对性且可行，一般需要三点以上，仅仅写出两点欠妥；

最后，"土地政策、税收政策、配套政策"的设计不够严谨，基本情况或对策建议的标题句一般是动宾结构或主谓结构，只写土地政策之类的名词短语略显不妥。

（七）堆砌标题

一般的调研报告包含两级标题，最多到三级标题。有的调研报告写出四级甚至更多层级的标题，这样容易造成读者听觉上的重复。

➲ 案例

《关于×××区投资软环境建设的调研报告》一文的第三部分是对策建议（一级标题），下面设置了"健全信用制度体系"（二级标题）和"加强政府信用建设"（三级标题），再往下又设置了四级标题，包括"建立社会咨询机制，完善政务公开制度，深化行政审批改革，完善投诉监督机制，加强公务员诚信教育"等对策，且这几个四级标题只有标题句，后面没有拓展的内容段。这样的篇章结构布局过于琐碎。

（八）穿凿附会

有的调研报告对调研材料和引用事例不加甄别，甚至为了论证某个观点而编造事例。

⊃ 案例

有的调研工作成绩比较多，但问题也很严重，调研人员却没有按照实事求是的原则去撰写报告，洋洋洒洒写了五六千字的工作成绩，却仅仅写了一千多字的问题，不够真实客观。同时，有的调研报告为了证明工作成效，把一两个人描述的情况，偷换为"大多数人认为""普遍认为""普遍感到"的情况，把局部区域展现出的成绩扩大为"总体很好"。

（九）刻意追求工整

有的调研报告为了寻求对仗工整或格式统一，刻意"雕琢"多级标题。

⊃ 案例

《×××党委先进事迹典型事迹调查报告》中，在基本做法方面，作者列举的是"组织渗透零距离、优质服务零距离、情感交融零距离"。这三个"零距离"略显刻意求巧，同时，优质服务和情感交融也有重复交叉，因为在某种程度上，用情感打动群众也是优化服务的一种方式。

（十）犯常识性错误

有的作者缺乏政治敏感性，不重视日常学习，不愿查找比对，造成调研报告中出现低级错误，还有的出现错别字、标点符号乱用等情形。

⊃ 案例

有的作者对一些重要制度、重要工作、重要惯例不够了解，对一些专业名称的表述不够规范，不分场合地随意使用"重要讲话""亲自指导"等表述。

二、调研报告的创新写法

我们强调的创新是守正基础上的创新，而不是为了求新而走向怪异、另类。要撰写出有特点、鲜活的调研报告，我们需要在遵循调研报告的基本原则、基本结构、基本思路、基本逻辑的前提下，结合工作实际和调研对象具体情况，对写作手法进行适度创新。创新写法的本质是为了更好地说明和解决问题，不是故弄玄虚、弄虚作假。

（一）多级标题求新

调研报告的题目及一二三级标题是报告的纲领，起着引领提示的作用。读者往往先通过题目和标题了解报告的大致内容，接下来才是阅读正文。如果题目和标题写得僵化生硬，读者很可能就对调研报告弃之如敝屣了。

标题的求新是指在紧盯调研主题的前提下，结合主要特色、工作亮点、中心主旨、职能定位等因素，对标题进行调整。我们可以灵活使用提问式、双标题式、陈述式、修辞式等形式拟定标题。

● 案例

针对某市"两新"组织的调研报告，我们可以运用陈述式拟定标题，突出核心特点，如标题拟定为《×××市"两新"组织的五个新特点》。针对基本公共服务均等化主题，我们可以运用提问式拟定标题，引起读者关注，如标题拟定为《农村弱势群体谁来管？×××市基本公共服务均等化情况的调研报告》。针对×××部门党建工作的开展情况，我们既可以运用双标题式拟定标题，聚焦职能定位，如标题拟定为《为党站岗，为国守财，为民谋利——×××财政局党建工作调研报告》，也可以运用比喻、对仗、排比、拟人等修辞式方法，结合双标题拟定标题。

（二）篇章结构求新

三段论的常见格式是"情况成效＋存在问题＋对策建议"及其他类似的结构。不同类型的调研报告侧重点不同，有的侧重介绍新鲜事物、新鲜办法；有的侧重揭露问题、查找原因；有的侧重介绍情况、提出建议。三段论的篇章结构非常经典正统，规范庄重，没有硬伤，但是容易暴露千人一面、形式古板的弊端。

篇章结构求新是指在遵循三段论的基本思路的前提下，做一些结构布局上的调整。例如，在经验介绍类调研报告中，传统的写法是"主要做法＋主要经验＋启示和建议"，具体可以结合调研对象的实际情况进行结构上的调整。

➲ 案例

在撰写《关于×××产业结构调整的经验启示》的调研报告时，我们可以进行重新布局。首先，标题可以修改为《聚焦绿色发展，延伸产业链条——关于×××的五点经验启示》之类的双标题；接下来正文分为五六个部分，每部分各写出一个经验启示的标题句；每个部分内部可以按照主要做法、重要经验、对策建议去写，或每个部分内部不写下一步的建议，而是单独写出一个结尾部分，提出对策建议。经验介绍类调研报告主要介绍典型做法，供其他地方、部门借鉴学习，因此对策建议部分不需要过多描述。

（三）典型实例求新

典型实例求新是指我们要灵活运用有代表性、有特色的数字、事迹、活动来论证观点。这一点在典型经验类调研报告的撰写中尤为重要。

典型数据能够直接醒目地论证作者的观点，给人真实可信的观感。典型事迹、活动，能够指明调研对象的独特特点，具有以小见大、以点带面的作用。

⊃ 案例

例如，在《关于某县城镇化之路的调研报告》一文中，作者列出一年中该县旅游接待人数××人次，同比增长×%；旅游收入××亿元，同比增长××%；××个村庄建成"美丽乡村"；引进××、××等企业落户园区；园区实现产值××亿元。通过一系列数据证明该地城镇化的举措合理，成效显著，具有一定的说服力。

（四）语言文字求新

语言文字求新是指我们要学会运用领袖讲话、诗词谚语、群众语言、网络语言等多种主体的特色语言来论证自己的观点。

领袖讲话一般用来说明政策的重要性和必要性，可以放在调研报告的背景介绍或引言部分，而诗词谚语、群众语言、网络语言之类，可以放在调研报告的正文中，用来论证观点。

⊃ 案例

领袖讲话方面，我们可以引用党和国家领导人的重要言论作为我们论证的依据，例如，以"到群众中来，拜人民为师"为题目，对某地基层社会治理工作进行深入论述。诗词谚语方面，我们可以用"为有源头活水来"为某类调研报告拟定标题。群众语言方面，我们可以用"小康不小康，关键看老乡"来表达对乡村建设工作的重视；用"火车跑得快，全靠车头带"的民俗谚语表达对组织或带头人的领导的认可。网络语言方面，我们可以合理使用"Z世代"等鲜活的词汇来界定特定人群或特定活动。

当然，还有其他一些创新写法，如文字的语法句式灵活多样，不拘泥于动宾结构等单一格式；适当引用对白话语，体现鲜活的调研现场气息；注意使用图表、图形等引用数据，论证观点。只要围绕调研主题，论证科学合理，各种写法都可以灵活使用。

三、写法求新的注意事项

求新要基于守正，创新要基于事实。创新写法需要结合实际，避免哗众取宠。

第一，避免随意数字化。例如，某地对基层社会治理做法的论述，概括出"坚持一线工作、坚持双管齐下、坚持三项制度、坚持四条路径、坚持五方共治"等类似表达，如果调研对象恰好符合这种状况，那么可以采用，但不能为了拼凑出"一二三四五"，刻意去捏造材料、随意比附。

第二，避免过分叙述化。调研报告更接近议论文，而非记叙文，除了一些典型事迹类的调研报告，多数调研报告需要提出鲜明的论点，进行数据、事例的详细论述，做好深入分析和总结。因此，调研报告不宜全篇"新闻体"，我们应尽量避免用新闻报道、娓娓道来讲故事的方式撰写调研报告。

第三，避免极端情绪化。调研报告需要立场鲜明，语言生动，充满感情。我们可以通过典型人物的语言对白、群众的议论评价、特色的工作方法等方式来表达中心思想，说清楚调研对象的基本情况和存在的问题，但不能像写诗歌、散文那样把喜怒哀乐直接写进文字中，而应该站在客观的角度去叙述调研对象，不随意臧否人物，尽力使报告具有历史的厚重感和持久的生命力。

小结

1.撰写调研报告的十大误区包括题目不新颖、固守"三段论"、"头痛医头"、语言不接地气、内容冗长、空话套话多、堆砌标题、穿凿附会、刻意追求工整、犯常识性错误。

2.调研报告的创新写法包括多级标题求新、篇章结构求新、典型实例求新、语言文字求新等。

3.写法求新的注意事项包括避免随意数字化、避免过分叙述化和避免极端情绪化。

第七章

常见的调研报告范例

"耳闻之不如目见之，目见之不如足践之"。优秀的调研报告往往围绕重要主题进行论述，反映某个领域、某个部门、某些专家的公文写作水平，是我们学习借鉴的重要参考。本章围绕几种机关企事业单位常用的调研报告类型，通过对范文的谋篇布局、事例选用、语言表达等的分析解读，帮助大家了解优秀调研报告的写法。

第一节　抓基本：反映情况类调研报告范文解析

第 22 周工作例会　刘老师小课堂

刘老师：今天主要对反映情况类调研报告进行范文解析。这类报告可以分成两类，第一类是综合性情况调研报告，这类报告需要我们全面深入地了解分析一项政策或现象的大部分情况。第二类是个例性情况调研报告，这类报告主要关注一项政策或现象的具体个例，深入剖析个例的特性和影响。大布，你说说反映情况类调研报告需要注意哪些写作要求。

大布：好的。一是内容必须全面准确。在收集资料和撰写报告的过程中，我们要确保信息真实完整。二是必须关注社会现实。在选题和研究的过程中，我们要始终围绕社会现实问题。

小新：这类调研报告必须具有针对性，要根据调研目的和对象，深入剖析问题，提出有针对性的建议。

刘老师：非常好。今天我们着重学习《凝聚民心跟党走，砥砺奋进新征程———新时代巩固壮大主流思想舆论调研报告》。大布简要介绍一下。

大布：这篇报告是由《党建》杂志社和北京市东城区委宣传部共同撰写的，主题是新时代巩固壮大主流思想舆论。报告全面论述了新时代下主流思想舆论状况，具有很强的时代性、针对性。

刘老师：好。我们接下来逐段进行剖析解读。

反映情况类调研报告是指对特定地区、领域、事物的基本情况进行全面系统的描述和反映的调研报告。

一、内容分类

反映情况类调研报告可以分为两类。

第一类是综合性情况调研报告。这类报告是反映某部门、某领域的基本情况和主要特点的调研报告。

第二类是个例性情况调研报告。这类报告是反映个别部门、个别领域的具体情况和个性特点的调研报告。

这两种报告都比较常用。

二、写作要求

（一）力求全面准确

反映情况类调研报告需要把调研对象的主要成绩、工作做法、存在问题写透写全，不能只报喜不报忧或只报忧不报喜。

撰写这类报告需要进行客观描述，不需要过多进行议论评价，也不能以偏概全。

（二）关注社会现实

反映情况类调研报告针对的往往是上级政策的落实情况、人民群众关心的社会问题、企事业单位存在的运营情况等。

撰写这类报告要密切关注现实，及时发现新情况新问题，做好情况总结，归纳主要特点。

（三）具有针对性

反映情况类调研报告一般会针对具体问题提出合理建议。撰写时，我们要聚焦特定领域、特定问题，不必扩大范围。

提出对策建议需要结合当前的中央大政方针和地方具体实际，要考虑对策的可行性和操作性，不能随意发挥。

三、范文解析

凝聚民心跟党走，砥砺奋进新征程
——新时代巩固壮大主流思想舆论调研报告
《党建》杂志社、中共北京市东城区委宣传部

民心是最大的政治，也是我们党执政的最大底气。习近平总书记指出："聚民心，就是要牢牢把握正确舆论导向，唱响主旋律，壮大正能量，做大做强主流思想舆论，把全党全国人民士气鼓舞起来、精神振奋起来，朝着党中央确定的宏伟目标团结一心向前进。"近期，《党建》杂志社围绕"做大做强主流思想舆论，凝聚起推进高质量发展的强大正能量"主题，赴北京市东城区开展实地调研走访，并与区委宣传部、区委网信办、区融媒体中心、前门街道、东花市街道、安定门街道的负责人进行了深入座谈，形成了调研报告。

解析：

本篇调研报告的标题采用的是双标题格式。主标题采用对仗

的修辞方法，同时突出政治导向；副标题突出主旨，围绕巩固壮大主流思想舆论这一主题进行调研。该调研报告的第一作者是《党建》杂志社，是由中共中央宣传部主管和主办的关于中国共产党的建设的综合性党刊，第二作者是北京市东城区委宣传部。作者可以说是参与主流思想舆论建设、推进意识形态工作的重要阵地。

第一段是导语段。开篇用习近平总书记的重要指示精神引起全文，指出做好主流思想舆论工作的时代背景或者重要作用。接下来介绍调研活动的情况，包括调研者、调研主题、调研对象等信息。

一、新时代主流思想舆论工作取得新进展新成效

党的十八大以来，各地把统一思想、凝聚力量作为做好新时代宣传思想工作的中心环节，发改革奋进之强音、立主流思想舆论之强势，既坚持团结稳定鼓劲、正面宣传为主又加强有效引导和心理疏导，既解决思想问题又解决实际问题，持续强信心、聚民心、暖人心、筑同心，切实把全党全国人民的士气鼓舞起来、精神振奋起来。

解析：

情况介绍类调研报告的主体部分可以分为"基本情况—问题不足—对策建议"等类似结构。本段为主体内容中的第一部分（工作成效部分）的导言段。作者指出各地坚持正确思想导向，

切实开展主流思想舆论工作，是对工作成效的总体概括。

（一）把牢方向导向，创新传播体系，体制机制由分散到集中

宣传思想舆论工作作为党的事业的重要组成部分，正确的方向导向是生命线。各地将党性原则作为做好思想舆论工作的根本原则，坚持党性和人民性相统一，深刻领悟"两个确立"的决定性意义，切实增强"四个意识"、坚定"四个自信"、做到"两个维护"，打造全方位、多层次、多声部的主流舆论矩阵。北京市东城区持续健全新闻舆论工作体制机制，建立"全面统筹＋分类策划"指导体系，围绕体现党的主张、反映人民心声，统筹推动"季度宣传有主题，月度宣传有重点，每周宣传有特色"，做到重点突出、亮点纷呈、全面覆盖。建立"通气会商＋规范引导"制度体系，发挥"周会商、月通气、季度走基层""新闻线索共享平台"等机制作用，健全新闻策划、部门协调、快速反应和媒体服务等机制，构建信息发布、评论解读、引导管控的全流程闭环。建立"主流声音＋资源融合"合作体系，实现北京市首个光明日报"文化强国"协同推广平台工作站落地东城，与中国青年报合作建立"晨钟之声"北京（东城）宣传平台，与北京市广播电视台合作，五年来连续推出《胡同里的幸福》《我们的十年》等一批人文纪录片，通过借梯登高，立体展现群众安居乐业的美好景象。

解析：

本部分为第一个做法成效，即创新传播体系。第一句强调把

牢方向导向，坚持党的领导。第二句概括指出各地坚持正确的政治方向。接下来举例介绍东城区坚持正确方向的做法，包括健全新闻媒体工作体制机制、建立会商制度体系、建立资源合作体系。段末介绍五年来的相关成就。本部分的标题"体制机制由分散到集中"与下一个标题"主题宣传由全面到深入"等标题遥相呼应，文字工整，便于理解。

（二）围绕大局大势，弘扬主流价值，主题宣传由全面到深入

无论媒体形态如何变革、传播形式怎么变化，主题宣传都要始终坚持内容为王。各地将内容建设作为做好思想舆论工作的关键环节，围绕中心、服务大局，推出了一系列浓墨重彩温暖热烈的"现象级"宣传产品，以主流思想凝聚社会共识、以主流价值引领多样舆论。北京市东城区把学习宣传贯彻习近平新时代中国特色社会主义思想作为首要政治任务，结合贯彻落实党的二十大精神，开设"高质量发展看东城""东城这十年""强国复兴有我""我见证"等16个专题专栏，推出电视剧《情满九道弯》、纪录片《我们的新时代》、话剧《钟鼓楼》等宣传产品，奏响党的二十大宣传报道的"交响曲"。围绕举办北京冬奥会冬残奥会、统筹疫情防控和经济社会发展等重点任务，推出"冬奥非遗大师"微视频，"你们是我们的春天"抗疫主题公益歌曲、纪录片、短视频"三部曲"，打造"东城社工"社会治理新品牌。前门街道结合"老胡同新生活"的生动景象和全过程人民民主在基层的探索实践，推出"总书记到我的家""小院议事厅"等一批内容接地气、

群众感兴趣的宣传报道，让老城形象更加鲜亮。

解析：

本部分为第二个做法成效，即弘扬主流价值。第一句强调主流价值要坚持内容为王。第二句是各地做法的总概括。第三句以东城区的做法为例进行阐释。具体做法包括学习贯彻习近平新时代中国特色社会主义思想、宣传北京冬奥精神和抗疫精神、注重基层街道社区宣传等内容。

（三）汇聚民声民意，打造新型媒体，媒体融合由相加到相融

随着全媒体时代的加速发展，推进媒体融合发展已进入提质增效的关键阶段。各地融媒体中心深入贯彻落实移动优先原则，推动形成渠道丰富、覆盖广泛、传播有效的移动传播矩阵，持续拓展"媒体＋政务＋服务"功能，主动参与社会治理，努力建设主流舆论阵地、综合服务平台和社区信息枢纽。北京市东城区融媒体中心将功能定位从时代记录者向社会治理参与者转变。在平台建设上，完善矩阵布局。打造"新闻＋"新生态东城融媒发布平台，拓展涵盖报、台、网、微、端于一体的"1+18+N"宣传矩阵，通过"策采编审发评"一体化流程管理，实现资源在各平台间无缝"嫁接"，传播效果达到最大化。在功能建设上，拓展服务效能。将区新时代文明实践中心网络平台、区政务服务中心网络平台连接到"北京东城"APP前端，建设"文明实践""信息询""政务服务""政务公开""网上信访""我要吐槽"等版块，打造"新

闻＋政务＋服务＋监督＋商务"模式下的多功能融合平台。安定门街道建设"钟鼓人家"APP融媒体平台，发挥社区信息枢纽功能，开展"甜葡萄行动""葡萄架下的约定""甜葡萄家书"等一系列线上线下的邻里活动，成为群众自我教育、自我管理的有效平台。东花市街道搭建汇集信息共享、邻里互动、便民服务、活动组织、公事公办等功能于一体的"花伴儿"融媒体平台，为群众直接解决现实问题，涵养共治共享的社区"生态系统"。

解析：

本部分为第三个做法成效，即打造新兴媒体。第一句强调媒体融合的重要性。第二句概括指出各地融媒体中心建设传播矩阵的做法。接下来举例介绍东城区融媒体中心的做法，具体包括在平台建设上，完善矩阵布局；在功能建设上，拓展服务效能。本部分最后介绍了东城区两个街道开展融媒体中心建设的情况。

（四）聚焦重点特点，用好关键阵地，网络空间由变量到增量

随着网民数量的急剧增长，信息传播的速度、广度都在不断延伸。各地坚持正能量是总要求、管得住是硬道理、用得好是真本事，顺应互联网发展规律、走好网上群众路线，在网络空间筑牢人民团结奋斗的共同思想基础。北京市东城区以强基础、强品牌、强队伍为重点，持续凝聚各方共识、汇聚多方力量，实现串珠成链、聚沙成塔的规模效应。构建区委网信办主导、网络平台承载呈现、党政新媒体矩阵联动、各单位广泛参与的"1+N"网

宣模式，打造"东城有约"网络宣传品牌，组织开展"永远跟党走""宅生活胡同有约"等网络宣传活动，让好声音成为网络最强音。制发《关于加强网络文明建设的实施方案》《党政新媒体管理办法》等系列文件，实施"前端预警研判、中端跟踪反馈、末端服务决策"舆情全过程管理，筑牢网络意识形态安全底线。

解析：

本部分为第四个做法成效，即用好关键阵地。第一句强调网络空间的变化。第二句概括指出各地用好网络空间的做法。接下来举例东城区阐释用好网络空间的做法，具体包括构建"1+N"网宣模式、制定发布系列文件等内容。

二、主流思想舆论工作面临的新形势新问题

新时代十年，主流思想舆论持续巩固壮大，汇聚起团结奋进的磅礴力量。但同时也要看到，面对纷繁复杂的舆论生态，基层做大做强主流思想舆论的方法手段、平台载体、引导能力还有持续提升空间。

解析：

本段属于对第二部分（问题不足）的总体概括，是第二部分的导言，指出当前做强主流思想舆论还存在方法、载体、能力等方面的不足。

一是在统筹协调上，整合资源的广度还需拓展。随着新技术、新手段、新渠道、新平台不断涌现，新一轮传媒业生态重构迎来加速度。但各地对传播领域重塑业务、重整流程、重构格局的认识不均衡不充分，部分单位进行媒体资源统筹、平台合作的拓展能力还有欠缺、导致个别区域传播合力发挥还不够明显。

解析：

本段指出第一个不足，即资源的统筹整合还不够，在地区层面、单位层面都有不均衡、不充分的体现。

二是在舆论引导上，即善于斗争的能力还需提高。在突发事件舆情处置中，各地还存在应急机制不够健全、信息公开不够到位，部分基层干部舆情意识不强、媒介素养不足等问题。针对部分舆情事件呈现出的"非常规式思考""非理性化发泄"趋势，部分基层干部存在被动防守、墨守成规的现象。

解析：

本段指出第二个不足，即舆论引导和斗争能力不够，主要表现在应对突发事件方面应急机制不健全、干部被动防守等问题。

三是在平台建设上，媒体融合的步伐还需加速。各地融媒融合的进度和深度还不均衡，存在平台"有而不强"、端号"多而不优"的问题。受信息覆盖面、本土化自媒体、用户体验等因素的影响，融媒体中心的用户量级、活跃度、品牌影响力还有差距，用户黏性有待增强。

解析：

本段指出第三个不足，即媒体融合力度不够，表现在融媒体供给层面融合不够、融媒体服务层面用户体验不够。

四是在服务群众上，紧贴需求的本领还需增强。个别单位在精准聚焦群众需求方面做得不实，如在传播方式上，单向输出多、双向互动少；在叙事方式上，官话套话多，不够契合群众需求。个别单位缺乏互联网思维以及内容、语言、技术上的创新，内容生产力相对薄弱，舆论引导能力还有欠缺。

解析：

本段指出第四个不足，即服务群众本领不够，表现在传播方式单向、叙事方式不灵活、内容生产能力不够等方面。

五是在队伍建设上，人才激励的手段还需强化。全媒体传播体系建设对新闻舆论队伍的要求不断提高，但融媒体中心受体制机制制约，还存在新媒体运用需要的复合型、创新型人才储备不足的问题。特别是对一、二线城市来说，县级融媒体中心吸引力不强，人才招不进、留不住的"变量"因素始终存在。

解析：

本段指出第五个不足，即专业队伍建设不够，表现在复合型人才不足、县级融媒体中心吸引力不强。

三、做大做强主流思想舆论，凝聚起推进高质量发展的强大

正能量

党的二十大报告指出，"牢牢掌握党对意识形态工作领导权，全面落实意识形态工作责任制，巩固壮大奋进新时代的主流思想舆论""加强全媒体传播体系建设，塑造主流舆论新格局"，这为做好思想舆论工作指明了前进方向，提供了根本遵循。

解析：

本段属于对第三个部分（对策建议）的总体概括，即在总体要求上要贯彻落实党的二十大精神，壮大主流思想舆论。

一是坚定主心骨，以强大的思想伟力凝聚民心。紧贴思想开展宣传，结合火热开展的主题教育，深入宣传阐释习近平新时代中国特色社会主义思想的丰富内涵、核心要义、实践要求及其所蕴含的世界观和方法论，引导干部群众更好地以学铸魂、以学增智、以学正风、以学促干。紧贴实践开展宣传，聚焦各地落实习近平总书记重要讲话精神、重要指示批示精神的生动实践，以小切口折射大主题，充分展示总书记不负历史、不负人民的真挚情怀和伟大担当，引导广大群众衷心拥护"两个确立"、忠诚践行"两个维护"。紧贴群众开展宣传，以群众的需求和感受为出发点，丰富内容呈现、创新话语表达，推动厚重理论轻巧传播，切实提高宣传阐释的吸引力感染力。

解析：

本段是第一个对策建议，即要宣传贯彻党的创新理论成果。

具体包括紧贴思想开展宣传、紧贴实践开展宣传、紧贴群众开展宣传，注重结合主题教育深入宣传阐释习近平新时代中国特色社会主义思想，注重结合实际引导群众拥护领袖，注重结合群众需求提高宣传的吸引力。

二是高扬主旋律，以鲜活的新闻报道凝聚民心。在选题的针对性上下功夫，聚焦推进中国式现代化的生动场景，精心组织主题宣传、形势宣传、政策宣传、成就宣传、典型宣传，为时代放歌、为人民立言。在表达的贴近性上下功夫，将大主题、本地化、小场景、有故事等元素有机融合，持续转变话语体系，策划推出一批体现主流价值、富有时代气息、群众喜爱、刷屏热传的宣传产品。在传播的渗透性上下功夫，构建全媒体传播体系，推动媒体融合发展从"你中有我，我中有你"向"你就是我，我就是你"转变。抓好融媒体中心建设，打造基层信息、资源、渠道、机制的互联互通平台，更好地宣传群众、凝聚群众、服务群众。

解析：

本段是第二个对策建议，即要注重提高新闻报告的鲜活性。具体包括选题上聚焦推进中国式现代化的场景、表达上贴近人民群众的生活、传播上注重构建全媒体传播体系。

三是打好主动仗，以向上的舆论氛围凝聚民心。提升"扩大声量"的能力，用好媒体、专家智库、社会知名人士、基层群众等多元发声主体，用活各类媒体传播平台，加快构建舆论引导新格局。提升"润物无声"的能力，适应分众化、差异化的传播趋势，推动新舆论工作从"一对众"向互动分享转变，以互动式、服务式、体验式、融入式的宣传产品增强群众认同，强化舆论与受众的连接。提升"化危为机"的能力，加强民生热点、突发事件、敏感案件信息发布和舆论引导，针对社会关切和群众疑惑，及时发布权威信息，全面准确做好解读，更好地解疑释惑、增进理解。

解析：

本段是第三个对策建议，即要提高舆论工作的主动性。具体包括用好多种发声主体发声渠道、推动互动式宣传作品、提高应对处置突发舆情能力等。

四是守好主阵地，以良好的网络生态凝聚民心。加强互联网内容建设，进一步强化社会主义核心价值观网上传播，丰富网络文化内容供给，让正能量始终充盈网络空间。以数字化为思想舆论工作赋能，借助大数据，及时掌握网上热点和社情民意，提高网络宣传的针对性。紧跟 5G、8K、AI、区块链、元宇宙等技术创新，制作推出可视化、全息化、沉浸式的宣传产品，不断刷新网民体验。建强网络综合治理体系，引导政府、企业、社会、网民等主体共同参与网络生态治理，实现法治、德治、自治相统一。加强网络文明建设，深入开展"清风""清朗"等专项行动，营造清朗的网络空间。

解析：

本段是第四个对策建议，即要营造良好的网络生态。具体包括加强互联网内容建设、加强数字技术运用、制作可视化宣传产品、多主体参与网络综合治理、加强网络文明建设等。

五是建强主力军，以过硬的工作队伍凝聚民心。旗帜鲜明地把党管宣传、党管意识形态、党管媒体落到实处，引导新闻舆论工作者带头学思践悟党的创新理论，不断提高政治判断力、政治领悟力、政治执行力。结合增强"四力"教育实践工作，持续培养学有所长的专家型人才、一专多能的全媒型人才和既懂技术又懂内容的技术研发、产品设计、媒体运营人才，不断壮大媒体融合发展的队伍力量。建立稳定的人才培养和激励机制，探索企业化管理路径，以岗位定绩效、以贡献论排名。进一步改进和完善融媒体中心的岗位晋升等级制度，在优质生源引入、晋升渠道畅通、薪资报酬提升等方面持续发力，培育激励人才干事创业的良好生态。（本文载于《党建》2023年第6期）

解析：

本段是第五个对策建议，即要加强媒体队伍建设。具体包括坚持党管宣传、培养专业人才、建立人才培养激励机制、完善岗位晋升等级制度等。

⊃ **总体评价**

本篇调研报告全文共 4 700 多字，篇幅虽然不大，但是行文严谨，内容精炼，主要的篇章布局采用了工作做法、存在问题、对策建议的三段论模式。在工作做法层面采取总分结构，既突出总体面貌，也突出东城区的特色情况。在存在问题方面，精炼指出组织领导、宣传方式、服务群众等方面的不足。在对策建议方面，注重结合中央政策，聚焦宣传部门的主业主责，提出针对性对策。全文庄正典雅，平实客观，值得借鉴学习。

小结

1. 情况反映类调研报告分为综合性情况调研报告和个例性情况调研报告两类。

2. 情况反映类调研报告的写作要求包括内容全面准确、关注社会现实、具有针对性。

第二节　学先进：典型经验类调研报告范文解析

第 23 周工作例会　刘老师小课堂

刘老师：今天主要对典型经验类调研报告的范文进行解析。典型经验类调研报告按照具体内容的不同，可以分为经验类调研报告和典型类调研报告。经验类调研报告主要是总结提炼具有指导性的工作做法，形成可供借鉴的经验模式；典型类调研报告则是通过具体的事例，展示某一类人物和情况的典型性，引起他人学习。理解了吧？

大布、小新：没问题。

刘老师：大布，你说说典型经验类调研报告有哪些写作要求。

大布：好的。一是典型要突出，要选择有代表性的优秀案例或者工作做法。二是事例要鲜活，要能够形象地反映真实情况，使读者易于理解。

刘老师：小新也说说。

小新：我觉得典型经验需要经得起考验，要真实可信，不能名不符实。

刘老师：很好。大布，你简单给我们解读一下今天的范文《扛起主体责任 汇聚各方力量推动税务系统党建工作创新发展——国家税务总局"纵合横通强党建"工作机制的调研报告》。

大布：这篇报告是由中央组织部组织二局撰写的，主题是国家税务总局"纵合横通强党建"工作机制。报告深入研究了这个党建工作机制的运行情况，展示了税务系统党建工作的经验做法。报告全文文风庄重，论证严谨，为我们提供了一个典型经验类调研报告的范例。

刘老师：非常好。接下来我们一起进行研读解析。

大布、小新：好的。

典型经验类调研报告是指以先进的典型经验、实践模式为研究对象，介绍其产生背景、主要事迹、重要成果、成功原因等信息，为其他主体决策提供依据的调研报告。

一、内容分类

典型经验类调研报告可以分为两类。

第一类是经验类调研报告。这类报告偏重"事迹"，主要是把某个部门、某个组织开展工作的好思路好做法进行挖掘，总结出成功经验，供其他单位借鉴学习。这类报告在日常工作工比较常见。

第二类是典型类调研报告。这类报告偏重"主体"，主要介绍个人或集体的典型事迹，反映其精神本质或重要成绩。

二、写作要求

（一）典型要突出

经验典型包括上级机关出于工作需要而选树的典型、本部门突出的获奖个人或工作办法，以及平时工作中的优秀榜样。

经验典型要具有一定的先进性，体现出优于他人、优于其他部门的重要做法，并且能够推广普及，具有示范作用。撰写时，我们要着重描述出典型的特点、优点，并总结上升成一种经验做法或规律性认识。

（二）事例要鲜活

经验典型的重要事迹往往都是在火热的社会实践中汲取前人的经验教训，借鉴他人和群体的优秀方法，在不断总结中产生的。

撰写这类调研报告要注意以小见大，灵活使用事例。我们可以从不同侧面、不同角度去选用材料，抓住几个特色亮点来反映工作全貌，同时还要注意语言鲜活，多用群众的语言、服务对象的评价、精细的数据来反映工作成绩。

（三）经得住考验

经验典型往往是在具体时代背景下产生的，离不开领导同志的支持，离不开同行和同事的关心，也离不开群众的支持，因此不能脱离实际，过分拔高个人，忽视群体和组织的贡献。

描述经验典型需要把握好当前的时代形势，结合工作特点，聚焦工作实际，深入生产生活一线。很多这类调研报告一般都有"经验启示"部分。对经验的总结需要挖透上级政策要求和典型所在部门、单位的实际需要，进行总结提升。我们要实事求是，不必追求"高大全"的完美人物和事迹，对典型做法中的问题隐患也可以进行描写。

三、范文解析

扛起主体责任　汇聚各方力量
推动税务系统党建工作创新发展
——国家税务总局"纵合横通强党建"工作机制的调研报告

中央组织部组织二局

　　税务系统有税务总局和省、市、县局以及分局（所）五级机构，全国共有 4 万多个基层党组织、50 多万名党员、70 多万名在职干部职工，队伍大、层级多、战线长，抓好党建、带好队伍、干好税务的任务繁重。税务总局党委认真贯彻习近平总书记关于"要在带好队伍上下功夫"的重要指示精神，以构建"纵合横通强党建"工作机制为抓手，全面提升税务系统党的建设质量，推动税务队伍建设和税收事业发展取得积极成效。

解析：

　　本篇调研报告的标题采取的是双标题格式。主标题突出国税总局的责任意识和系统思维，点出推动党建工作的主题。副标题突出重点，引出国税总局"纵合横通强党建"这个工作机制。该调研报告的作者是中组部组织二局，负责农村、城市社区、企业、机关、事业单位和社会组织等基层党建工作。

　　开篇第一段是全文的导语段。本段主要介绍税务系统的机构和人员基本情况。接下来对税务总局党委高度肯定，指出构建"纵合横通强党建"工作机制、推动税务工作的成效。

一、主要做法

为加强税务系统党建工作，税务总局从 2016 年开始探索实行"纵合横通强党建"工作机制。2018 年国税地税征管体制改革后，税务系统党的建设面临新的形势任务和挑战。省级以下国税地税机构合并，队伍规模扩大、构成更加复杂，大幅精简编制、消化超配领导干部涉及人员多，税收职能扩充、服务管理对象激增，执法和廉政风险加大，大规模减税降费、个人所得税制改革、深化税收征管改革等多项重大改革任务叠加，工作要求高、推进难度大，税务系统"事合、人合、力合、心合"的任务十分紧迫。面对这些复杂状况，税务总局党委认识到，打造过硬税务铁军离不开强有力的党建工作，推动税收改革发展必须依靠更加有力的党建工作保驾护航，只有把党建工作抓实抓好，才能把队伍带好、把工作干好。同时，税务总局党委也看到，党建工作中还存在不少短板和薄弱环节，各级税务局党组改设党委后承担党建主体责任，党组织关系实行属地管理，上级税务局与地方"两边管、两难管"问题进一步凸显；系统管理链条长，责任压力传导容易层层递减，内部相关部门抓党建职责分散，党建与业务融合不够，引领保障中心工作的成效需进一步提升。

解析：

典型经验类调研报告的篇章布局可以是"主要做法＋工作成效＋经验启示"，前两部分和情况介绍类调研报告相似，区别在于第三部分是经验启示而不是对策建议。本段为第一部分"主要做法"的导语段，行文逻辑是指出 2018 年国地税体制改革后面临着复杂形势、税务总局党委重视党建工作、税务总局党委认真剖析党建工作的不足之处。

针对这些情况和问题，税务总局党委对照新时代党的建设总要求和新时代党的组织路线，在总结以往经验的基础上，按照"条主责、块双重，纵合力、横联通，齐心抓、党建兴"的思路，调整完善"纵合横通强党建"工作机制，纵向上推动形成系统上下级、系统与地方抓党建的"两个合力"，横向上推动党建与党风廉政建设、机关党建与系统党建、党建与干部人事、党建与执法监督及内控、党建与干部教育培训、党建与绩效管理、党建与税收业务等实现"七个打通"，为顺利完成各项任务提供坚强组织保证。

解析：

本段依然是第一部分"主要做法"的导语段，承接上一段指出税务总局党委按照新思路，完善"纵合横通强党建"机制，通过纵向上的"两个合力"和横向上的"七个打通"开展党建工作。在日常写作中，我们不必拘泥于形式，可以将上一段背景依据及面临形势的内容与本段主要指导思想或工作思路合并为一段。

（一）健全抓税务系统党建的责任体系，强化"纵合"的效果。针对税务系统党建"条"上责任落实不到位、与"块"上结合难的问题，税务总局党委坚决扛起主体责任，以落实党建责任为着力点，健全工作链条、逐级压实管党治党政治责任，加强条块协同、推动建立齐抓共管工作格局。

解析：

本段为第一个做法的总括段。第一个做法主要强调税务系统内部、上下之间加强党建责任落实的做法。具体包括党委承担主体责任、逐级压实责任、注重条块协调等内容。

一方面，坚持上下联动，增强"条主责"的政治担当。一是清单式明责。税务总局党委制定《税务系统落实全面从严治党主体责任和监督责任实施办法（试行）》，逐一明确各级税务局党委、党委书记、党委委员、党建工作职能部门等8类责任主体抓党建的110条261项责任事项，做到主体、方式、对象、措施"四明确"。省级以下各级税务局结合实际细化制定责任清单、任务清单，确保党建工作各项任务到岗到人。二是精细化履责。将党建工作重点任务完成情况纳入绩效考评，针对税务总局机关司局和省级税务局分类设计具体指标，让各单位干有目标、行有方向。上线"税务党建云平台"信息系统，定期推送应完成工作事项，各级税务局对照抓落实、及时填报完成情况。三是全方位督责。坚持"下抓两级、抓深一层"，税务总局主抓省局、延伸带市局，省局、市局参照下抓两级，延伸抓到分局（所），税务总局和省局、市局党委班子成员分别在市局、县局、分局（所）建立基层党建联系点，每年听取工作汇报，指导党建工作，督促开好民主生活会和组织生活会，传导工作压力，延伸推动责任落实。将落实管党治党责任情况纳入各级税务局党委书记抓党建述职评议考核以及巡视巡察、督查督办、主题教育巡回指导的重要内容，形成全方位、多维度的督促落实机制，对履职不力的严肃问责。

解析：

本段主要强调税务系统内部上下层级之间明确责任担当的做法。具体包括各级税务机关明确责任清单、进行精细化履职尽责、多层级督促落实责任等内容，主要逻辑是"一级压一级、层层抓落实"。

另一方面，以主动促协同，发挥"块双重"优势共抓党建。一是主动接受地方党委领导。建立定期汇报走访制度，各级税务局党委每半年到同级地方党委及纪委监委、组织、宣传、机关工委等单位至少汇报 1 次党建工作。各级税务局党委班子成员和党建工作部门结合日常工作调研，主动走访下级税务局所在地方党委及相关工作部门。2020 年以来，税务总局主要负责同志到天津、黑龙江、湖南等省市党委组织部、机关工委沟通协调党建工作。

税务总局党建工作局已走访 15 个省级和 5 个市级机关工委，计划 3 年内全覆盖走访省级机关工委。二是主动对接党建工作任务。邀请地方党委有关部门参加税务系统党建活动、指导民主生活会和理论学习中心组学习等，推动党建工作重要情况相互通报、重要文件相互交换，积极争取地方支持。将省级机关工委对省税务局机关党建考核结果按照 50% 的权重纳入省局党委书记抓党建述职评议考核结果，督促省税务局认真落实地方党建工作任务。融合地方特色和资源，推动"一单位一品牌、一支部一特色"创建，涌现出新疆维吾尔自治区税务局"党旗映天山"、江西省税务局"龚全珍工作室"等一大批便民利民为民的党建品牌。三是主动服务地方经济社会发展大局。全系统累计派出扶贫干部 3.42 万名，投入扶贫资金 42 亿元，引进帮扶资金 72 亿元，帮助 8 782 个贫困村、245 万贫困人口顺利脱贫。2020 年以来，全系统形成 4 万多篇经济数据分析报告，为各级党委和政府决策提供参考，充分发挥税收大数据服务市场主体和经济发展的作用。

解析：

本段主要强调税务系统在横向上和系统外的部门单位协同开展党建工作的举措。具体包括主动接受地方党委领导、主动对接党建工作任务、主动服务地方经济社会发展大局，每一个做法下面都有税务机关、税务干部的事例进行论证。

（二）推动税务系统党建工作机制集成创新，实现"横通"的目标。着眼于解决系统相关部门抓党建配合不够、党建与业务工作融合不紧的问题，税务总局党委坚持系统观念和整体思维，健全统筹党建任务、工作力量的制度机制，紧紧围绕税收改革发展同步谋划推进党建工作，增强党建整体功能、形成集成效应，推动税收事业始终沿着正确方向稳步迈进。

解析：

本段为第二个做法的总括段。第二个做法主要强调税务系统内部注重资源整合，推动党建与业务融合发展，从而达到"横通"的目标。

一方面，健全工作体系，实现同向同步发力。一是整合工作力量。税务总局党建工作领导小组与党风廉政建设领导小组合署办公，各级税务局两个领导小组办公室实体化运行；税务总局和省局、市局均成立系统党建工作部门，县局机关党委加挂党建工作股牌子，承接系统党建任务。二是加强工作统筹。每年初召开全面从严治党工作会议，对机关党建、系统党建等各项工作一体谋划部署，年中召开党建工作推进会，年底开展省税务局党委书记抓党建述职评议考核，形成党建工作闭环。制定《深入推进税务系统党的建设高质量发展两年行动方案（2021—2022年）》，推出政治建设、思想建设、组织建设等8方面质量提升行动和46项具体措施，通过集中攻坚巩固深化党建工作成果。三是强化部门协作。明确在干部选拔任用中听取基层党组织意见，党建工作检查与巡视巡察、督查督办等同步开展，将政治理论、党建知识、党性锻炼作为干部培训、人才培养的重要内容，探索开展党建和业务联动式评价，将党建工作考核结果与领导班子和领导干部考核结果直接挂钩等，推动系统各部门密切配合，共同抓好党建工作落实。税务总局每年开展综合大督查，将党建工作重点任务细化为督查项目，与税收改革和重点业务工作落实情况一并检查反馈通报、一并督促整改落实。

解析：

本段主要强调健全工作协同体系的做法。具体包括整合税务系统党建工作和党风廉政建设领导小组职能、加强对机关党建与系统党建的工作统筹部署、部门协作完善党建考核体系等。

另一方面，突出党建与业务融合，在同频共振中提质增效。一是以党建引领业务工作方向。将学习贯彻习近平新时代中国特色社会主义思想作为党委会议"第一议题"、党委理论学习中心组学习和干部教育培训"第一主题"、青年理论学习"第一任务"，将贯彻落实习近平总书记关于税收工作的重要论述和重要指示批示精神作为"第一要事"，在对标对表中找方向、明思路、定措施，以实际行动践行"两个维护"。认真开展模范机关创建活动，明确税务系统创建标准，推动党员干部增强政治机关意识、彰显税务机关政治属性。在税收征管改革、减税降费等一系列重大改革任务中，各级税务局成立党委"一把手"任组长的领导小组，建立"一竿子到底"抓落实机制，把加强党对税收改革工作的领导落到实处。在个人所得税制改革中精细安排、稳妥推进，特别是主动提出免除补税额在 400 元以下或年收入 12 万元以下的中低收入者汇算清缴义务的建议并获批准，大大降低了改革风险，实现了政治效果、法律效果、社会效果的有机统一。二是将党建嵌入业务工作各环节。依托"三会一课"、主题党日等，将理论学习与业务研讨结合起来，提高党员干部理论素养和业务能力。聚焦税收业务部门重点岗位、关键环节，在纳税服务、社会保险费、集中采购、税务稽查等业务条线探索制定党建工作指引，充分发挥基层党组织监督保障作用。每一项重大改革实施过程中，都在专项工作组成立临时党组织，引导党员冲锋在前，示范带动广大干部攻坚克难。组织各级税务局机关党支部与工作联系密切的相关部门机关党支部联学联建、与非公有制企业党组织结对共建，以党建为纽带促进业务协作、提升服务水平。三是激励党员干部立足岗位担当作为。将思想政治工作贯穿机构改革全过程，层层开展谈心谈话 132 万人次，想方设法统筹平稳解决干部进退留转问题。坚持不懈抓好中央八项规定及其实施细则精神贯彻落实，持续深化纪律作风专项整治和党风廉政教育，把严格管理作为对干部最大的爱护。深入开展创建党员示范岗、党员承诺践诺、"为党旗增辉、为税徽添彩""新机构新服务新形象"等实践活动，引导广大党员强化党员意识、发挥先锋模范作用。安排经验丰富的"导师"对基层新进人员进行 2 年以上"传帮带"，每年由省局从市局、县局发现一批优秀年轻干部进行重点培养，注重在改革攻坚一线提拔重用政治素质高、业务能力强、扛得起重活的好干部。组织税务系统"担当作为你最美"先进典型巡回宣讲，与中央宣传部联合开展"中国好税官""最美税务人"发布活动，营造对标先进、创先争优的浓厚氛围。

解析：

本段主要介绍税务系统党建与业务工作同频共振、同步发展的做法。具体包括通过以"第一议题"等党建工作引领业务工作、在业务工作中发挥党员和党组织作用、激励党员干部立足岗位担当作为等。

（三）在税务系统党建基础建设上持续用劲，夯实"强党建"的工作支撑。税务总局党委从健全基本制度、建强基层组织、配强骨干队伍入手，下力气抓好影响党建要求落实、党建任务落地的各项基础工作，为深化拓展税务系统党建工作提供有力保障。

解析：

本段是第三个做法的总括段，主要突出税务系统在建章立制、组织人才建设方面落实党建任务的举措。

一是加强制度保障。出台加强新形势下税务系统党的建设的意见，明确税务系统党的建设总体要求、基本原则和主要任务。制定加强党的政治建设 12 个方面具体措施，督促各级税务机关始终做到旗帜鲜明讲政治、理直气壮抓党建。印发构建一体化综合监督体系的意见及6项配套制度，织密纵向到底、横向到边的监督网络。印发税务系统党的建设工作规范，明确"谁来做""做什么""怎么做"，抓党建不缺位不漏项有指引。出台发挥党建引领作用促进党建工作与税收业务深度融合的18项措施，从强化政治、思想、组织、作风、制度引领5个方面，完善党建与业务融合的长效机制。二是加强组织保障。在机构改革中及时调整优化机关基层党组织设置，做到行政机构改革到位、组织体系跟进到位。适应税务部门基层单位和服务窗口分散办公的特点，推动分局、所、办税服务大厅全部建立党支部。坚持机关带系统，税务总局机关开展党支部状况调研，制定党支部工作手册，推行总局机关党支部与基层税务机关党组织结对共建，示范带动各级税务局抓好党支部标准化规范化建设。坚持系统带行业，健全税务师行业党组织体系，强化政治引领，促进行业健康规范发展。三是加强队伍保障。将党务工作岗位作为培养干部的重要平台，把有发展潜力、有培养前途的好苗子放到党务工作岗位上锻炼，着力建设既懂党建又懂业务的复合型税务人才队伍。各级税务局将政治素质过硬、业务能力强的干部充实到机关党委和系统党建工作部门，共配备专职党务干部2.2万名，占在职干部总数的3.1%。税务总局每年举办党建工作处处长、党建业务骨干等示范培训班近20期，直接培训学员1 900余人，省局、市局每年至少开展1次党务干部集中培训。税务总局和省局、市局分别建立党建专业人才库，专门选拔党建方向领军人才，通过上挂下派、跟班学习等方式加大培养力度。有计划地安排党务干部与业务干部双向交流，注重提拔使用德才兼备、工作业绩突出的党务干部。2018 年以来，税务系统 92 名专职党务干部提任司局级职务职级，占提任司局级干部总数的 14%；26 名优秀业务干部提任或转任到税务总局党建工作部门司局级领导岗位或者省税务局纪检组组长岗位。

解析：

本段是对前一段内容的拓展。具体包括完善税务系统加强党建工作的制度办法、加强党支部等党组织的组织保障工作、加强党务工作者等党建专门队伍建设等。

二、主要成效

"纵合横通强党建"工作机制已经成为推动税务系统党建工作高质量发展的有力抓手，为高质量推进新时代税收现代化提供坚强保障、注入强劲动力。各级税务部门普遍感到，抓党建尝到了甜头，干得越来越有劲头。

解析：

本段是主要成效的总括段，概括指出税务系统"纵合横通强党建"工作机制对于党建工作具有重要意义，给干部队伍带来了强劲动力。接下来的段落将对成效进行详细论述。

（一）有力促进了税务系统党的建设全面加强。按照党中央统一部署，税务系统在国税地税征管体制改革中同步对党组织进行优化重构，各级税务局党组全部改设党委，成立党委工作部门和系统党建工作部门，党支部、党小组延伸到机关和基层工作单元，促进形成上下贯通、执行有力的党组织体系，为落实党对税收工作的全面领导、牵引撬动各项工作发挥了"主轴"作用。税务总局党委以上率下，带动各级税务局党委层层扛起主体责任，自觉做到知责于心、担责于身、履责于行，推动党建工作各项任务落实落地，党组织政治功能和组织功能得到明显提升，税务系统当好"三个表率"、走好"第一方阵"的决心和行动更加坚定自觉。党员干部普遍反映，党中央要求一贯到底、税务总局党委部署直达基层，系统上下理解把握党中央精神更加及时精准，贯彻落实更加高效到位。"不忘初心、牢记使命"主题教育期间开展的税务系统政治生态专题评价中，各级干部评价为"好"和"较好"的占98%以上。在2020年度地方党委党建考核中，省、市、县税务局获得"好"等次的比例分别达到100%、94.3%和86%，稳居同级各部门"第一梯队"。

解析：

本段为第一个成效，即促进了党建事业全面开展全面加强。具体包括税务局党组改设党委、税务系统党组织功能提升、贯彻中央精神高效到位、在地方党建考核中名列前茅等。

（二）有力保障了税收改革发展任务的圆满完成。围绕贯彻落实党中央、国务院决策部署，税务总局党委坚持党建工作和税收业务一起谋划、一起部署、一起落实、一起检查，以党建引领业务、以业务检验党建，党的政治优势、组织优势不断转化为税收治理效能。在重大改革发展任务中，关系全局的重点问题党委集体研究，关系某一领域的业务问题相关部门党组织协助攻关，在改革攻坚一线及时组建党组织，在急难险重任务面前引导党员冲在前，努力做到改革推进到哪里，党组织和党员作用就发挥到哪里，让党的旗帜始终在税收改革发展前沿阵地高高飘扬。大家普遍反映，各级党组织的主心骨作用和广大党员的排头兵作用愈加凸显，处处都能看到党员带头上、领着干的生动场景。近年来，全国税务系统顺利完成国税地税征管体制改革，高质量落实各项重大改革任务，"十三五"期间，面对经济下行压力，税收收入比"十二五"时期增长 39.1%，新增减税降费达 7.6 万亿元，为激发市场主体活力和服务"六稳""六保"大局作出积极贡献。

解析：

本段为第二个成效，即税务系统党建工作机制保障了税收改革发展任务圆满完成。具体包括贯彻落实中央部署坚决有力、党组织和党员作用发挥显著、顺利完成国税地税征管体制改革、减税降费等工作硕果累累等。

（三）有力锻造了忠诚干净担当的税务干部队伍。税务总局党委充分发挥党建工作固本强基、凝神铸魂作用，在改革攻坚中锤炼干部、融合队伍，引领广大税务干部旗帜鲜明讲政治、牢记使命勇担当、廉洁自律作表率。机构改革期间，各级党组织做深做细思想政治工作，精简 12.1 万名编制的任务按时完成，2.2 万名干部自觉服从组织安排"由正转副"，2.9 万名超配领导干部提前消化到位，干部队伍保持总体稳定。各级税务局党委树立崇尚实干鲜明导向，多措并举激发干部干事创业内生动力，广大税务干部斗志昂扬，精神面貌焕然一新。税务系统连续 8 年开展"便民办税春风行动"，推进"智慧税务"建设优化服务，持续整治纳税人缴费人身边腐败问题和不正之风，第三方开展的全国纳税人满意度调查得分逐年稳步提升，有关国际组织对我国优化税收营商环境取得成效给予高度评价。国税地税征管体制改革以来，全系统涌现出 3 个全国先进基层党组织和 2 名全国优秀共产党员、2 名全国优秀党务工作者，7 个集体和 37 名个人受到国家级表彰奖励，901 个单位被评为全国文明单位，5 000 多个单位和 9 100 多名干部受到各级党委和政府表彰表扬。

解析：

　　本段为第三个成效，即党建工作锻造了优秀的干部队伍。具体包括政治能力得到提升、编制精简任务完成、干事创业精神振奋、得到社会各界高度评价、先进典型不断涌现等。

　　三、经验启示

　　税务总局党委通过构建"纵合横通强党建"工作机制，探索出一条契合实际、务实管用的管党带队治税新路径，为各级机关在新时代坚持党的领导、加强机关党的建设提供了有益启示。

解析：

本段为经验启示的总括段，指出其他部门和机关可以借鉴税务系统党建工作机制，结合实际探索出特色党建工作方法。

（一）必须着眼于坚持和加强党的全面领导、促进机关治理和事业发展，高位推进机关党建工作。习近平总书记指出，"机关党的建设是机关建设的根本保证"，"中央和国家机关党的建设必须走在前、作表率"，这都要求我们把机关党建始终摆在重要位置。税务总局党委深入学习贯彻习近平总书记重要指示批示精神，深刻把握新形势下机关党建的使命任务，把机关党建作为建设政治机关、完善机关治理、凝聚职工群众、推动改革发展的坚强保障，统筹推进税务系统党的建设和其他各项工作，取得了实实在在的成效。实践证明，只有站在政治和全局的高度认识和把握机关党建各项工作，把政治标准和政治要求贯穿始终，把服务中心工作和促进事业发展贯彻全程，才能实现从"被动抓"向"主动抓"、从"应付抓"向"深入抓"转变，推动机关党建高起点谋划、高标准推进、高质量落实，有为有位、彰显价值。

解析：

本段为第一个启示，即要加强党的全面领导，夯实政治基础。税务总局党委深入学习贯彻习近平总书记重要指示批示精神、注重政治机关建设，并取得成效。因此，开展党建工作，首先要高度重视政治建设，把政治标准和政治要求贯穿工作始终。

（二）必须树立系统观念、加强整体建设，推动形成各负其责、各方协同、统筹推进的机关党建工作格局。习近平总书记指出，"只有全面落实党建责任制，坚持党组（党委）班子带头、以上率下、以机关带系统，机关党建工作才能形成强大合力。"税务总局党委牢牢牵住责任制这个"牛鼻子"，打出一整套党建工作"组合拳"，推动建立上下联动、条块协同、内部配合的工作体系，将机关党建融入具体业务和改革发展，将税务系统党建融入地方经济社会发展大局，形成了齐抓共管、整体推进的良好格局。实践证明，机关党建是一项系统工程，不只是哪一层级、哪个部门、哪一个人的事，只有通盘谋划、一体推进机关党的建设各项工作，层层压实各级党组织和相关职能部门的党建工作责任，充分调动各方面积极性，用好"条"和"块"两种资源，激活各类党建要素，做到既同向发力、又各有侧重，才能实现优势互补、全面提升，推动党建责任落地见效、党建任务开花结果。

解析：

本段为第二个启示，即要树立系统思维，加强整体建设一体推进。税务总局注重建立上下联动、条块协同的工作体系，形成齐抓共管的良好局面。因此，开展机关党建工作需要统筹全局，协调部门资源，进行任务分解，形成有效的执行体系。

（三）必须坚持常抓不懈、常态长效，不断健全持续推进机关党建工作的制度机制。习近平总书记强调，"新的征程上，我们要牢记打铁必须自身硬的道理，增强全面从严治党永远在路上的政治自觉"，"要搞好制度'供给侧结构性改革'，空白缺位的抓紧建立，不全面的尽快完善，成熟经验及时推广。"税务总局党委紧紧围绕税收改革发展完善党建工作思路举措，一年接着一年干，一锤接着一锤敲，把实践中行之有效的经验做法及时固化为制度，逐步形成一系列有机衔接的长效机制，为推动机关党建高质量发展提供了有力保障。实践证明，改革发展越是向深入推进越需要持之以恒加强党的建设，机关党建工作只有进行时、没有完成时，只有锚定目标绵绵用力、久久为功，确保事业发展到哪里，实践探索就推进到哪里，制度建设就跟进到哪里，才能推动机关党建从量变向质变转化，不断取得新成效、迈上新台阶。

解析：

本段为第三个启示，即党建工作要常态化开展。税务总局坚持久久为功，及时提炼总结形成制度体系，形成长效机制。因此，开展党建工作，需要坚持持续发力，主动总结实践经验，及时上升为政策办法。

（四）必须聚焦突出问题、精准发力，推动机关党建工作创新发展。习近平总书记强调，"要以问题为着力点，在补短板、强弱项上持续用力，以增强精准性、实效性"，"要推进理念思路创新、方式手段创新、基层工作创新，创造性开展工作"。税务总局党委坚持从影响税收改革发展的突出问题和机关党建的薄弱环节入手，紧扣时代特点、部门实际和党员特征，持续推动机关党建工作守正创新，为税务系统党的建设向纵深发展注入动力。实践证明，坚持问题导向、积极开拓创新是适应新形势新任务、提高机关党建工作质量的必然要求，只有瞄准业务工作难题，找准党建工作短板弱项，做到精确制导、精准发力，不断探索加强自身建设、有效发挥作用的方法载体，才能使机关党建工作全面进步、始终充满生机活力。（本文载于《中国税务》2022年第2期）

解析：

本段为第四个启示，即坚持问题导向，及时应对新情况，及时解决新问题。税务系统能够分析研判党建工作中的不足，推动党建工作与业务工作融合开展。因此，需要坚持底线思维，及时解决问题，推动党建工作向前发展。

⊃ 总体评价

本篇调研报告全文7 000多字，篇幅较长，内容丰富全面。通过"做法—成效—启示"的谋篇布局，对税务系统开展党建工作的好机制进行了全面论述。论证科学合理，通篇布局注重总分结合，聚焦税务系统数据和事例，详略得当，属于上等的调研报告。

小结

1.典型经验类调研报告可以分为经验类调研报告和典型类调研报告两类。

2. 典型经验类调研报告的写作要求包括典型要突出、事例要鲜活、经得起考验。

第三节 跟热点：反映新事物类调研报告范文解析

第 24 周工作例会 刘老师小课堂

刘老师：今天我们主要对反映新事物类调研报告进行解析。按照内容分类，反映新事物类调研报告可以分为新生正面事物类调研报告和新生负面事物类调研报告。新生正面事物类调研报告主要是对新出现的、带有积极意义的事物进行深入调研，以便推广运用。新生负面事物类调研报告则主要是对新出现的、可能带有负面影响的事物进行深入调研，以便防范风险。大布，你说说反映新事物类调研报告有哪些写作要求。

大布：好的。首先，反映新事物类调研报告要突出新近事物，需要重点关注新出现的事物、现象、工作情况，对其进行深入研究。其次，要说理透彻，逻辑严谨，说清楚新在哪里、原因何在、有何影响。

刘老师：很好。小新有什么要补充的吗？

小新：这类调研报告要具有一定的价值导向，要明确指出这个新事物对社会、经济、政策等方面的影响，以及我们所持有的态度。

刘老师：说得很到位。小新，你给我们我们简要介绍一下《关于巴蜀文化旅游走廊建设情况专题调研报告》这篇范文。

小新：好的。这篇报告是由四川省人大教科文卫委员会撰写的，主题是巴蜀文化旅游走廊的建设情况。报告对新近出现的巴蜀文化旅游走廊进行了深入研究，描述了建设的进展和效果，针对工作不足提出了明确建议。报告严谨透彻，价值导向明显，值得学习借鉴。

刘老师：很好。我们接下来逐段解读。

大布、小新：好的。

反映新事物类调研报告是指对新出现的事物、现象进行描述，揭示其性质、特点和影响的调研报告。

一、内容分类

第一类是新生正面事物类调研报告。这类报告突出具有前瞻性、方向性的新形势、新情况、新潮流，并带有支持鼓励的态度。这类调研报告在日常工作中比较常见。

第二类是新生负面事物类调研报告。这类报告突出在新的背景形势和发展阶段上产生的矛盾、困难、问题。这类调研报告在日常工作中比较少见。

二、写作要求

（一）突出新近事物

反映新事物类调研报告的一个特点是反映的事物是当下时代、当下阶段产生的，具有鲜明的时代性和现实性。

撰写这类报告需要及时发现事物发生发展的苗头性倾向，密切关注现实，针对贯彻大政方针、经济社会建设、群体思想动态等情况及时进行记录、分析。

（二）说理透彻严谨

反映新事物类调研报告需要反映新生事物，这就需要阐释为什么是新事物、新在何处、有何特点、发展趋势、存在问题及对策建议等内容。

撰写这类报告，我们需要注意论证合理，事例鲜活，对新情况要充分做好调研，记录来龙去脉，做好对比分析，得出主要特点，从而总结出规律，为决策部署和研判形势提供参考。

（三）具有价值导向

反映新事物类调研报告反映的是新情况、新问题，话题比较新颖，具有一定的可读性，但是需要具有价值导向，让读者了解新事物的本质。

撰写这类报告，我们需要客观真实地做好记录分析，同时，可以亮明观点，适当表达出对新的进步事物的支持、认可、尊重的态度。对新生问题要敢于揭露，认真分析，提出合理建议。

三、范文解析

关于巴蜀文化旅游走廊建设情况专题调研报告

为贯彻落实党中央关于成渝地区双城经济圈建设国家重大战略部署，更好地推动《巴蜀文化旅游走廊建设规划》（以下简称《规划》）落地见效，省人大常委会将"与重庆市人大常委会联合开展巴蜀文化旅游走廊建设情况专题调研"作为 2022 年川渝人大合作事项，同时列入 2022 年监督工作计划，由省人大教科文卫委承办。调研组通过实地（委托）调研、广泛听取意见建议，较为全面地掌握了巴蜀文化旅游走廊建设的第一手资料。经过认真梳理和研究收集到的情况，形成调研报告。

解析：

本篇属于反映新事物类调研报告，调研报告的题目直接指明调研对象——巴蜀文化旅游走廊。作者单位是四川省人大教科文卫委员会，负责协助省人大及其常委会依法行使有关职权，与教科文卫体、广电、食药、地震、知识产权、中医药等省人民政府有关部门建立工作联系。本段属于全文的导语段。第一句指出了调研目的、调研主体、调研对象，第二句指出调研方法，最后一句引出全文，总的来看言简意赅。

一、巴蜀文化旅游走廊建设推进情况

2020 年，中共中央、国务院印发《成渝地区双城经济圈建设规划纲要》，提出共建巴蜀文化旅游走廊。2022 年 5 月，文化和旅游部、国家发改委、川渝两省市人民政府联合印发《巴蜀文化旅游走廊建设规划》。川渝两地围绕推动成渝地区双城经济圈建设、共建巴蜀文化旅游走廊，坚持协同化发展、一盘棋推进，特色化发展、差异化定位，高起点谋划、高标准建设的原则，积极探索区域文旅协同发展的体制机制和路径模式，着力打造区域文旅协同发展样板，稳步推进巴蜀文化旅游走廊建设。

解析：

本段属于基本情况的总括段。前两句指出巴蜀文化旅游走廊的产生背景和央地的政策依据。第三句指出走廊建设的指导思想和总体部署。本文的篇章布局是"基本情况—存在问题—对策建议"，新事物类调研报告也可以采取其他篇章结构，如"基本情况—存在问题—原因分析—对策建议"等，只要能说清楚新事物的来龙去脉和经验教训，都可以结合实际进行使用。

（一）坚持整体谋划，初步构建起协同发展格局

川渝两地坚持以习近平新时代中国特色社会主义思想为指导，

紧紧围绕成渝地区双城经济圈建设重大战略部署，紧密结合川渝文旅发展实际，不断加大战略协同、政策衔接、工作对接，按照规划建设目标，建立健全文旅协同发展机制。

解析：

本段是第一个推进做法，即整体规划和协同发展的总括段，总体指出四川、重庆两地坚持旗帜鲜明讲政治，加强战略、政策、工作协同，建立健全文旅协同发展机制。

一是高位推动，建立工作协调机制。省级层面建立党政联席会议机制，不定期召开会议，研究推进相关工作。两省市人大常委会连续两年联合开展专题调研，从人大监督的角度助推文旅协同发展。

解析：

本段突出全局性，指出两地高层级协调部署的做法。具体来看，两地省级层面建立党政联席会议机制、人大常委会联合开展专题调研，推动文旅工作开展。

二是一体部署，确保川渝文旅发展相向而行。为全面实施《规划》，两地文旅部门同步启动编制《规划》实施方案。秉持"唱好双城记、建好经济圈"战略共识，坚持一体谋划、一体推动，确保川渝文旅同向发力，相向而行。

解析：

本段突出同向性，指出两地协调同步出台政策的做法。具体包括同步编制《规划》、推动文旅同向发力等。

三是深化协同，文旅部门携手推进深度合作。两地省级文旅部门联合成立专项工作组，设立联合办公室，通过召开联席会议、签订战略合作协议、成立合作联盟、联合举办展览展示、共推精品剧目、发布精品线路、互派干部挂职等，不断深化合作。

解析：

本段突出协同性，指出两地主责部门协同开展工作的做法。具体包括省级文旅部门成立工作组、签订合作协议、共推精品线路等务实做法。

（二）联袂协同发展，巴蜀文化传承利用体系逐渐成形

一是加强巴蜀文物考古研究与保护管理。推进"考古中国"重大项目——"川渝地区巴蜀文明进程研究"考古发掘，联合开展考古调查、研究与发掘，共同推进川渝石窟寺保护。

解析：

本段介绍了第二个推进做法，即协同推进文化传承保护。标题句中的"传承利用体系"略显粗糙，因为第二个做法中无利用、开发、市场化等做法（而第三个推进做法恰恰提出市场引领与文旅产品，属于"传承利用体系"），可以改成"传承保护体

系"。从第一个子做法来看，突出文物考古研究与保护，主要是推进川渝石窟寺保护。

二是共推巴蜀文化遗产保护传承。2021年9月1日，《四川省三星堆遗址保护条例》颁布实施，为三星堆遗址保护提供有力法治保障。开工建设三星堆博物馆新馆、推动三星堆—金沙遗址联合申遗，共同推进古蜀文化遗产保护传承。

解析：

本段聚焦两地进行文化遗产保护传承的做法。具体包括颁布保护条例、建设三星堆博物馆新馆等举措。

三是共建非遗保护传承体系。成立"川渝非遗保护联盟"，共同构建两地非遗保护传承体系。联合开展"非遗过大年 文化进万家"等活动近百场，通过举办线上线下各类展示展演活动、发布短视频等，不断提升巴蜀文化传播力、影响力。

解析：

本段聚焦两地共建非遗保护体系的做法。具体包括成立"非遗"保护联盟、开展"非遗"宣传活动等。

（三）强化市场引领，巴蜀文化旅游产品供给不断丰富

四川开展全省文化和旅游资源普查，基本摸清文旅家底。与重庆联合创建文旅品牌，成立西南区域文化和旅游消费城市群推进联盟，推出10余个影视网络剧节目，强化巴蜀文旅整体形象宣

传。推介川渝精品旅游线路，发布奖励优惠政策，开展双城互动营销，共同促进文旅消费。

解析：

本段介绍第三个推进做法，即通过市场化推动文旅产品供给。具体包括文旅资源摸底普查、共创文旅品牌、推介精品旅游路线等。

（四）实施重点工程，推进世界级休闲旅游胜地建设

一是实施城市旅游提升工程。指导成都成功创建首批"国家文化和旅游消费示范城市"，助推绵阳、乐山、宜宾等入围"国家文化和旅游消费试点城市"。

解析：

本段介绍第四个推进做法，即推进文旅重点工程建设。第一个子做法突出了旅游城市升级做法，具体包括成都、绵阳、乐山、宜宾等地创建国家旅游重要城市，突出城市"点"的作用。

二是实施文化旅游精品建设工程。开展天府旅游名县和国、省级全域旅游示范区、旅游度假区等品牌建设。发布世界遗产、长江上游黄金水道等主题精品线路70余条，推出巴蜀文化旅游走廊十大主题游。

解析：

本段突出介绍了文旅精品建设工程。具体包括开展旅游名地

品牌建设、发布主题精品线路等内容，突出品牌路线"线"的作用。

三是实施红色旅游、特色旅游发展工程。推进长征国家文化公园（四川段）、川陕片区红军文化公园建设，推进巴西会议旧址、红四方面军总指挥部旧址等革命文物重点保护项目。开展全省研学指导师大赛，推出150余家省级研学旅行基地，以及巴山蜀水世界自然遗产之旅、长江上游黄金水道之旅等十大研学旅行线路。

解析：

本段突出介绍了特色文旅建设工程。具体包括长征国家文化公园等红色文旅项目、省级研学旅游基地和研学旅游路线等，突出了研学文旅结合"面"的作用。

（五）强化共建共享，文旅公共服务能力持续增强

一是完善一体化公共服务机制。实施川渝"互联网＋公共文化服务"工程，制定公共文化服务标准，通过实施"川渝通办""一卡通""一码游"等，持续推进公共服务一体化、便捷化。

解析：

本段介绍第五个推进做法，即提供文旅事业文旅产业的公共服务能力。第一个子做法突出了政策标准一体化的服务，具体包括制定服务标准、推出"一卡通""一码游"等公共服务。

二是有序推进公共基础设施建设。加快推进成渝中线、渝万铁路建设，优化高铁沿线站点布局与旅游景区、度假区等重点旅游区域的有效衔接，提升旅游交通服务能力，共同打造巴蜀"快旅慢游"交通体系。

解析：

本段突出介绍了硬件设施一体化的服务，具体包括加强两地铁路站点建设、推进景区交通服务等。

三是提升智能化公共服务水平。打造川渝文旅云，实现游客身份等互通共享及跨平台核验认证。联合建设集"吃住行游购娱"于一体的"智游天府""惠游重庆"公共服务平台，为游客提供更加便利的服务。

解析：

本段突出介绍了智慧终端一体化的服务，具体包括打造文旅云、建设公共服务平台等。

二、存在的问题

在两地强力推动下，巴蜀文化旅游走廊建设取得了阶段性成效，但两地文旅协同发展在体制机制、规划重点任务落实、要素保障等方面，与高质量推进巴蜀文化旅游走廊建设要求存在差距。主要体现在：

解析：

本段属于存在问题的总括段，总体指出两地在推进巴蜀文化旅游走廊建设方面存在体制机制、任务落实、要素保障等方面的不足。

（一）跨区域协同发展机制有待健全

一是推动规划落实的机制有待健全。当前两地跨区域协作还停留在联席会议、合作协议、活动联办等形式，在搭建区域协作平台、构建合作机制、协同规划策划等方面深度合作不够。省级层面尚未形成推动规划落实的专项机制，尚未建立推动区域协作的行政性执行机构。文旅产业发展本质上兼具竞争性与合作性，现阶段巴蜀文化旅游资源的产品、市场开发普遍不足，隐性竞争大于显性合作的现状将持续存在，两地政企抱团发展、融合发展、合作共赢的理念还未完全形成，协同发展的新格局、新机制亟须健全。

解析：

本段指出第一个不足，即两地协同发展机制不够健全。从第一个方面来看，规划落实机制不够健全。具体包括两地合作协作机制深入开展不够、区域协作的行政机构缺乏、文旅产品开发不足、合作理念不够深入等。

二是行政层级不对等影响政务类工作衔接。调研发现，行政层级不对等事实上阻碍了省级以下层面的交流协作。比如，成都市作为两极核之一，落实《规划》的任务相对繁重，但其在行政层级上属于设区的市，定位模糊造成实施规划时比较被动，特别是与重庆市对接时，行政部门层级不对等严重影响工作衔接。这一问题在市、县、乡（镇），甚至企业的工作对接中同样普遍存在，值得关注。

解析：

本段强调了行政层级不对等影响工作衔接。具体来看，主要指成都市与重庆市对接时部门对接不畅，县乡也存在此类问题。

（二）跨区域合作有待深化

一是由于《规划》颁布时间不长，两地的实施方案尚未公布，细化措施尚不明确，有关支持政策、重点项目、资金来源尚未落地，导致项目落地、活动组织、资金投入、人才引进等工作推进迟缓，个别市、县因此等待观望，部分重点任务实施进度缓慢。

解析：

本段指出第二个不足，即两地合作内容和方法有待深化完善。第一个方面是两地缺乏项目、政策、资金、人才落地的实施办法或细化措施。

二是合作广度不够。当前两地合作交流大多集中在政府层面，市场主体活力尚未充分激发，企业参与走廊建设的主动性不强，整体活跃度偏低。

解析：

本段强调了两地合作广度不够。具体来看，合作存在不均衡、不充分的问题，集中表现在政府层面，企业参与不够。

三是共建深度不足。区域间文旅合作大多停留在旅游宣传营销、活动举办等浅表层面，文旅资源打造、文艺精品创作、文创产品研发等方面的深度合作不足。

解析：

本段强调了两地资源共建共享不够。具体包括宣传形式单一、资源打造不够、产品研发滞后等。

四是巴蜀文化旅游高质量发展仍不充分。两地在全国百强5A、4A 级景区和游客向往度等方面排名靠前，旅游竞争力具有相对优势，但文化产业竞争力不强，文化资源数字化开发、互联网等尚处起步阶段。以观光游为主的现状仍未改变，"山强水弱、景强文弱、夏强冬弱、日强夜弱"的现象还比较明显，门票经济依赖严重，文化旅游资源整合提升不够，中高端文旅产品供给不足，难以满足人民群众日益增长的文旅需求。

解析：

本段强调了两地文旅产业发展的局限性。具体包括文化产业发展不够、文旅资源整合不够、中高端产品供给不足等。

（三）跨区域协同发展保障有待强化

一是配套设施不完善，距离支撑文旅高质量发展有差距。由于基础设施建设滞后，一些地方文旅资源"养在深闺人未识"，区域间文旅发展不平衡、不充分。"吃住行游购娱"等综合配套服务能力不足，快旅慢游、外联内通不到位，无法满足游客"进得快、游得慢、玩得好"。

解析：

本段指出第三个不足，即两地协同发展的组织保障不够全面。第一个方面是配套基础设施不够完善，具体包括基础设施落后、产业链配套服务不够、交通保障体系不健全。

二是文化旅游专业人才支撑不足。文旅融合发展需要形成产品体系和长产业链支撑，对复合型人才需求较高。但目前川渝文旅协同发展依靠行政力量推动为主，管理、技术、创意等精英人才缺口较大，与发达国家和国内东部沿海地区相比，专业人才质量和数量都有较大差距。

解析：

本段强调了文旅专业人士缺乏的问题。具体包括管理技术人才缺口大、专业人才质量不够等。

三是资金投入不足。我省金融、财税等政策与文旅产业的整体契合度不高，用于文旅产业发展的经费占比较低。当前经济下行压力大，民营企业多以"活下去"为刚需，加大投入文旅产业意愿不强，仅靠国有企业投入难以满足文旅产业高质量发展需求。

解析：

本段主要强调了资金投入不够。具体包括金融财税支持少、民营企业投入意愿不强等。

三、对策建议

党的二十大报告强调要促进区域协调发展，并将推动成渝地区双城经济圈建设列为重大区域发展战略，对于推动共建巴蜀文化旅游走廊带来了新的重大机遇。川渝两地要深刻领会国家战略意图，强化思想认识，积极主动作为，对照《规划》提出的建设目标，补齐短板、夯实基础、打造特色，高质量推动川渝文旅协同发展，建议做好以下工作。

解析：

本段属于对策建议部分的总括段。总的来看，川渝两地需要认真贯彻国家政策，对标对表，打造特色，推动文旅协同发展。

（一）进一步健全合作共建机制

一是强化党委领导、政府推动、部门协同、全行业参与、人民共享。建议设立巴蜀文化旅游走廊建设工作领导小组，由两省市分管领导担任联合组长，下设办公室，由文旅厅（委）负责人担任办公室主任，采取联席或轮值方式，定期会商，统筹推进重大项目建设、重大事项申报、重要活动筹备等。省内建立多级联动工作机制，具体由省委省政府牵头成立省、市、县三级联动的巴蜀文化旅游走廊融合发展联络、协调、议事机制，加大统筹协调力度，强化考核督导，整体形成合力，督促任务分解落实，组织各方力量，整合各类资源，有效推动《规划》落地实施。同时，指导推动两地市县政府、文旅企业间开展合作，建好用好川渝文旅企业联盟，全面推进川渝文旅协同发展。

解析：

本段提出第一个对策建议，即健全合作共建机制。第一个方面是要强化党委领导下的多主体共建体系。具体包括成立两地工作领导小组、建立省内多级联动工作机制、推动两地政企合作等。

二是拓展川渝文旅合作路径。严格落实联席会议制度，全方位推进文旅协同发展。积极争取国家层面建立巴蜀文化旅游走廊建设统筹协调领导机制，围绕《规划》明确的重大项目、重点工程、重要事项，做好顶层规划，明确各自在巴蜀文化旅游走廊建设中的战略定位、空间布局，有效解决各自为政、各自谋划的局面。

解析：

本段强调要拓展合作渠道路径。具体包括落实联席会议制度、争取建立国家层面的协调机制等。

270

三是推动川渝互联互通。推进"川渝通办"等互联互通工作，实现文旅项目行政审批共享互认，为文旅协同发展创造良好发展环境。整合省内各级政府搭建的平台，形成具有统一架构、统一标准的开放共享式联合交流平台，促进平台互融共通，为两地文化旅游企业提供优质服务，使企业真正得到帮助和实惠。

解析：

本段指出要推动两地完善交流平台。具体包括完善项目审批共享互认、形成统一的开放式联合交流平台等。

（二）进一步推动川渝文化旅游协同发展

一是共同挖掘弘扬巴蜀文化时代价值，形成一批重大标志性研究成果，不断丰富巴蜀文化时代内涵，持续推进文化自信自强。

解析：

本段提出第二个对策建议，即推动文旅协同发展。第一个方面是强调要挖掘巴蜀文化时代价值，赋予时代特色。

二是促进巴蜀文化遗产的展示利用。加快建设和提升一批具有典型巴蜀特色的重点博物馆，提升乐山大佛、安岳石刻等石窟石刻保护展示水平，联合打造川渝石窟展示廊道，建设川渝石窟国家遗址公园。广泛应用互联网、区块链、云平台等新技术，推进数字文物建设与数字文物应用，提升博物馆藏品信息和网上展览互联互通能力，增强巴蜀文化影响力、传播力。

解析：

本段强调要促进文化遗产的利用水平。具体包括建设重点博物馆、提升重要文化遗址保护力度、推进数字化建设等。

三是提升非物质文化遗产保护传承水平。建立非物质文化遗产保护协调机制，加大川剧、龙舞、彩灯、竹编、木版年画、蜀锦织造技艺等非物质文化遗产的保护传承力度，借助巴蜀文化旅游走廊、藏羌彝走廊、"一带一路"等积淀的非遗资源，打造非遗创新性转化发展高地。联合开展川剧保护传承协同立法工作，推动川剧一体化发展。

解析：

本段强调要提升非遗保护力度。具体包括建立非遗保护协调机制、加强非遗协同立法等。

四是深化两地文艺创作交流，共同提高创作水平，充分创作反映巴蜀地区历史风貌和当代实践的优秀作品，推动巴蜀文化艺术繁荣发展。

解析：

本段指出要深化文艺创作交流。具体包括提高文艺创作水平、创作反映巴蜀地区特色的优秀作品等。

五是提升公共文化服务水平。完善两地公共文化服务保障体系，重点推进一批公共文化场馆建设，优化提升公共图书馆、文化馆等阵地功能。共同打造公共文化服务品牌，提升服务效能。加快智慧文旅建设，整合区域信息资源，实现精细化管理，让游客出行更智能、更便利。

解析：

本段提出要提升公共文化服务水平。具体包括推进公共文化场馆建设、打造公共文化服务品牌、加强智慧文旅建设和信息整合等。

六是进一步推动文化旅游融合发展。建设一批文旅融合示范园区，做优一批文旅精品景区，建设一批标志性、引领性、枢纽性重大文旅项目，有效辐射带动区域文旅发展。在毗邻地区联合布局和打造数字文化，以及旅游装备、设备和智能终端产业集群。引导以巴蜀非遗为代表的优秀传统文化走进现代生活和旅游景区。

解析：

本段提出要推动文旅融合发展。具体包括建设融合示范园区、建设重大文旅项目、打造数字文化等产业集群、加强非遗文化进生活等。

七是着力打造川渝特色文旅品牌。加大两地世界遗产、5A景区、国家级旅游度假区等品牌创建力度，整合优势资源，通过构建岷江世界遗产通道、打造长江黄金水道、提升成渝古道等，强化风景道建设，扩大川渝文旅品牌影响力。利用各类宣传平台，联合加大文化旅游对外交流和宣传推广力度，叫响"安逸四川巴适重庆"文旅品牌。

解析：

本段提出要打造特色文旅品牌。具体包括加大世界遗产等品牌创建力度、拓宽宣传方式宣传渠道等。

（三）进一步推动规划任务落地落实

《规划》是当前和今后一个时期指导巴蜀文化旅游走廊建设的纲领性文件，协同推动《规划》实施对巴蜀文化旅游走廊建设意义重大。

解析：

本段是第三个对策建议，即推动任务落实的总括段，要求全面落实《规划》，从而引起下文。

一是精准对接国家和省"十四五"规划。主动融入"一带一路"、西部大开发、长江经济带发展、乡村振兴等国家和区域重大发展战略，有效衔接成渝地区双城经济圈其他专项规划。根据省委部署，对现有政策举措进行完善，推进文旅规划与四川现代化建设总体布局、区域发展格局相衔接。推动我省"十四五"规划中期调整与《规划》有效衔接，结合实际将《规划》明确的文旅项目纳入"十四五"规划。加强对市县的指导，提高规划质量水平，明确《规划》实施路径和配套措施。

解析：

本段提出要对接好国家和省级规划。具体要求融入"一带一路"等重大发展战略、推进规划衔接、加强对市县的指导等。

二是加快出台四川实施方案和相关专项规划。尽快出台实施方案和相关专项规划。省委省政府加强督办考核，督促市、县政府和各有关部门对照《规划》制定任务清单，找准定位，认领任务，明确路线图、时间表，严格按计划推进《规划》实施。

解析：

本段指出要出台省级规划方案。具体包括出台省级实施办法和专项规划，市县做好任务清单分解等。

三是强化联运协作，强化"川渝一盘棋"思维，摒弃地方保护主义，着力破解规划审批、资金投入、要素保障等壁垒梗阻，通力协作疏通断点堵点，发挥各自优势，切实做到统一谋划、一体部署、相互协作、共同实施，更好推进深度融合、协同发展，实现优势互补、互利共赢。联合搭建川渝文旅创投平台，常态化举办投融资对接，共同吸引全国优势创业者、优质项目资源。条件成熟时，组建共同控股的文旅平台企业或混合股权企业，负责重大区域合作项目的联合建设与运营。

解析：

本段指出要强化地区和部门协作。具体包括加大对规划审批和资金投入等的谋划部署、搭建两地文旅创投平台、组建文旅平台企业等。

（四）进一步强化各类保障措施

一是加强组织领导。按照"省级协调、市负总责、县抓落实"的方式，切实推动《规划》落地落实。省级层面定期会商，常态化召开联席会议，挂图作战，明确任务，落实责任，加强对《规划》实施的跟踪分析，围绕重点建设任务定期开展监测评估，有序推进重大事项、重点工作。各市县政府、省直有关部门要对照任务分工，逐项明确工作举措，落实任务要求。

解析：

本段介绍第四个对策建议，即强化保障措施。第一个方面是要加强组织领导，具体包括推动规划落实、加强跟踪监测、做好任务分工等。这些组织保障的对策建议，基本也适用于其他有关工作。

二是加大政策支持。省级层面联合加强政策支持，提升政策吸引力，增强政策的前瞻性、创新性、可持续性，共同推进区域文旅创新改革样板建设。探索成立川渝文旅产业发展专项基金，重点支持两地文旅企业抱团发展。优化资金投向投量，提高资金使用效益。建设重大文旅项目用地保障"绿色通道"，支持文旅项目建设。实施优秀文旅龙头企业培育工程，通过资源整合、技术创新、品牌输出、营销合作等方式，做大做强骨干企业。

解析：

本段强调要加大政策扶持。具体包括加强省级政策支持、建立两地文旅产业发展专项基金、优化资金投入方向、支持文旅项目建设、培育龙头企业等。

三是强化人才支撑。支持高校主动对接文旅融合产业链、创新链，探索搭建文旅融合现代产业学院平台。通过优惠政策吸引"双创"人才、非遗传承人、工艺美术大师等中高端人才向园区、基地、重点企业聚集。支持高校、企业等培养红色、文创、体育、研学、康养等特色旅游人才。建立灵活的人才管理机制，完善人才服务保障体系，打造一支高素质"文旅川军"。

解析：

本段强调强化人才支持。具体包括支持搭建文旅融合产业学院平台、吸引非遗传承人的中高端人才、培养特色旅游人才、建立人才管理机制、完善服务保障等。

⇨ 总体评价

本篇调研报告全文6 000多字，篇幅适中，内容丰富全面。全文主要介绍新近事物、新近工作——巴蜀文化旅游走廊的建设情况，按照"推进情况—存在问题—对策建议"进行谋篇布局，条分缕析，论述详细。从段落布局来看，每段采取的基本是总分结构，标题句段首句一般是总括性的提示，再进行扩展式论述。存在的不足是在"推进情况"部分的第三个方面"市场引领，巴蜀文化旅游产品供给不断丰富"，内容有些单薄，论述不够清晰，可以考虑和第四个部分进行整合。总的来看，本篇调研报告内容全面，论述严谨，信息密集，是一篇比较不错的文章。

小结

1.反映新事物类调研报告可以分为新生正面事物类调研报告和新生负面事物类调研报告两类。

2.反映新事物类调研报告的写作要求包括突出新近事物、说理透彻严谨、具有价值导向。

第四节　查短板：揭露问题类调研报告的范文解析

第 25 周工作例会　　刘老师小课堂

刘老师：今天我们对揭露问题类调研报告进行学习交流。揭露问题类调研报告按照内容可以分为揭露普遍性问题和揭露个别性问题的调研报告。揭露普遍性问题的报告关注的是具有一定普遍性、涉及较多人群、区域或领域的问题。揭露个别性问题的报告关注的是某一小型群体、区域、领域的问题。撰写揭露问题类调研报告需要注意一些写作要求，大布，你来谈谈。

大布：好的。撰写这类调研报告，一是要注意选好特定问题，考虑好问题的重要性、紧迫性以及自身的研究能力。二是要注意分析，对问题及其原因和影响深入剖析。

刘老师：很好。小新也说说有哪些写作要求。

小新：我觉得还需要把握问题的尺度，主要应该关注政策落实、工作进展、服务群众、作风建设等方面存在的问题。

刘老师：说得很好。今天我们一起来学习一篇揭露问题类调研报告。大布简单介绍一下。

大布：好的。这份报告的题目是《数字技术为乡村振兴插上腾飞翅膀　建设数字乡村需着力消弥数字鸿沟——乡村产业融合和数字乡村调研报告之二》，作者是浙江省统计局课题组。报告指出了浙江在数字乡村建设方面存在的问题、影响建设的因素，提出了详尽的解决措施，对浙江乃至其他地方的乡村数字化工作都具有一定的借鉴意义。

刘老师：介绍得很好。下面我们来逐段进行解读。

大布、小新：好的。

揭露问题类调研报告是指针对党政机关、企事业单位工作中存在的问题，进行现象描述、原因分析并提出建议的调研报告。这类调研报告在日常工作中使用偏少。

一、内容分类

第一类是揭露普遍性问题的调研报告。这类报告主要揭露机关、企事业单位或社会中常见的、涉及人群或区域较多的问题，分析原因，提出对策。

第二类是揭露个别性问题的调研报告。这类报告主要揭露个别的、小范围的、小型的社会问题，分析原因，提出对策，引起警醒。

二、写作要求

（一）选好特定问题

揭露问题类调研报告关注的是具有一定代表性、存在扩散隐患的社会问题。

撰写这类调研报告，我们需要把握好当前的大政方针，了解党政机关的中心工作，结合工作实际，找准问题。揭露问题的目的不是吸引眼球、哗众取丑，而是分清是非，规避风险，消除隐患。

（二）注重分析研判

揭露问题类调研报告往往会对现实问题进行详细分析，写清问题的产生背景、存在原因、具体表现、发展态势，论证分析占有较大篇幅。

撰写这类报告要言之有物，论证科学，说清楚问题或事故的基本情况、产生原因、归责情况，帮助人们吸取经验教训。

（三）把握问题尺度

调研报告关注的问题往往是涉及政策贯彻落实是否有力、群众急难愁盼是否得到解决、党政机关作风建设是否扎实等问题。个人琐事、家长里短不是这类调研报告的主要描述对象，司法案件、法纪问题、极端敏感问题，也不是这类调研报告关注的主流。

撰写这类报告，我们需要把握好尺度，不能信口开河，过分夸大，忽视党政干部和人民群众的主要成绩，也不能蜻蜓点水、浅尝辄止，剖析问题沦于形式。我们要依据事实、数据，找准突破口，客观反映某个领域的具体问题。

三、范文解析

数字技术为乡村振兴插上腾飞翅膀

建设数字乡村　需着力消弥数字鸿沟

——乡村产业融合和数字乡村调研报告之二

浙江省统计局课题组

数字乡村是乡村振兴战略重要组成部分。按照走在前列的要求，浙江正在深化实施、扎实推进乡村生产数字化、乡村治理数字化和乡村生活数字化。为了解浙江数字乡村建设情况，近期浙江省统计局组织开展了产业融合和乡村数字化课题研究，通过对乡镇、村干部、企业、个体工商户、规模农户和村民的访问和问卷调研，成功调查有效样本 3 279 个。调研显示，浙江数字乡村建设亮丽起步，农业生产、乡村治理等领域数字化应用迈出坚实步伐，城乡数字鸿沟有所缩小，农村数字经济初现锋芒。但乡村数字化作为新生事物在展现勃勃生机的同时也面临诸多挑战，数字乡村建设任重道远。

解析：

从全文看，本篇报告问题分析的比重比较大，可以视作揭露问题类调研报告。报告采用的是主副双标题，主标题指出乡村振兴中数字化建设任重道远，副标题指出数字乡村建设的调研主题。作者是浙江省统计局，承担组织领导、协调和指导全省统计工作、建立健全国民经济核算体系、组织开展普查、组织实施统计调查制度等职能。本段属于全文的导语段。第一句、第二句介绍了调研背景，指出数字技术对浙江乡村振兴具有重要意义。接下来指出调研目的、调研主题、调研样本。最后得出结论，浙江数字乡村建设正在稳步推进，但也存在一些问题和不足。

一、致力数字技术应用，乡村数字化亮丽起步

乡村数字化是实现农业农村现代化的内在要求和必然选择。伴随网络化、信息化和数字化在农业农村经济社会发展中的应用，

以及农民现代信息技能的提高，乡村数字化已经成为实施乡村振兴的重要战略方向，自国家提出数字乡村发展战略以来，浙江省致力数字化运用，着力缩小城乡数字鸿沟，乡村数字化取得明显成效。

解析：

本段属于基本情况的总括段，主要介绍了乡村数字化的时代背景，重点指出浙江省致力于数字乡村建设工作，取得初步成效。

（一）数字应用快速通过，乡村数字化走在前列

乡村数字化对于提高农民生活水平，助推乡村治理现代化，提高农业产业能级和效率具有深远意义。省委、省政府贯彻中央战略部署要求，努力提升乡村信息基础设施水平，搭建数字"三农"协同应用平台，着力推进"五个应用"，即推进生产管理数字化应用、推进流通营销数字化应用、推进行业监管数字化应用、推进公共服务数字化应用、推进乡村治理数字化应用，数字"三农"快速推进，乡村数字化走在前列。2020年浙江县域数字农业农村发展水平达68.8%，远超全国36.0%和东部地区41.3%的发展水平，居全国各省区市首位，全省有84个县（市、区）的数字农业农村发展水平超过全国总体水平。畜禽养殖业、设施栽培业、种植业和水产养殖业的生产信息化水平分别为63.9%、62.5%、59.4%和53.1%，高出全国平均31.1个、24.5个、42.0个和36.7个百分点。

解析：

本段介绍第一个做法成效，即浙江乡村数字应用体系广泛。具体包括省委省政府搭建数字"三农"协同应用平台、2020年浙江县域数字农业农村发展水平居全国各省区市首位、农副业的生产信息化水平高于全国平均水平等。

（二）数字协同应用引领，乡村数字化基础设施初具规模

近年来，浙江大力推进互联网进村入户，实现全省城乡同网同速，建有光缆线路总长度349.8万公里，移动电话4G基站36万个，5G基站超6万个，实现行政村4G和光纤全覆盖，基本实现重点乡镇5G全覆盖。调研显示，当前浙江省已经实现村村通网，其中有58.3%的受访乡村干部表示本村已通5G网络，且村级网络基础建设受到农民认可，69.2%的受访者认为完善或非常完善，26.5%的受访者认为一般，仅4.4%的受访者认为不太完善。村民信息化意识得到明显提高，网络应用率达到较高水平。受访的1 419名乡村干部普遍表示村民上网习惯正逐渐形成，认为本村村民上网比例在50%~80%的占比为44.5%，在80%~90%的占比为24.5%，在90%以上的占比为21.7%，而在50%以下的仅占9.4%。

解析：

本段指出第二个做法成效，即浙江乡村数字基础设施建设初具规模。具体包括互联网进村入户全覆盖、实现村村通网、村民

信息化意识提高等。

（三）产业数字化加速，乡村数字经济初现繁荣端倪

浙江利用大数据和人工智能手段，从生产管理、溯源体系、智慧物流等各个环节全面赋能农业产业化服务体系，推进对农产品产前规划、产中管理和产后销售的全链条精细化管理，乡村产业链效率得到提升，乡村数字经济蓬勃成长。一是数字农业工厂加快创建。全省累计完成 163 个数字农业工厂试点创建，其中，数字植物工厂 88 个、数字牧场 48 个、数字渔场 27 个。示范带动 1 184 个种养基地完成数字化改造，西湖龙井茶、浦江葡萄、德清早园笋、桐乡杭白菊等 50 个单品种全产业链数字化管理系统建设逐步启动。二是数字乡村建设改变了传统农业生产经营模式，促使农业生产由标准化向定制化升级，创新形成新业态、新商业模式，如"创意农业""数字文旅""智慧旅游"等，让消费者个性化需求与农业供给精准、高效对接，有力地促进农产品销售和乡村产业融合发展。调研显示，有 69.8% 的乡村干部表示本村有利用网络渠道开展农产品销售的情况，线上电子商务平台（淘宝、天猫、京东等平台）、线上自媒体电商平台（抖音商品橱窗、快手小黄车等）、微信、电子商务公司等网络渠道在农产品销售方面发挥积极作用。在问及"您认为乡村数字化对您村带来了哪些好处"时，有 49.6% 的受访者表示乡村数字化促进了农产品销售，销量有明显增加，特别是在受访的农业经营主体中，这一比例高达 74%。

解析：

本段介绍第三个做法成效，即浙江农村产业数字化进程加快，推动全环节、全链条发展。具体包括数字农业工厂加快创建、传统农业生产经营模式走向定制化升级等。

（四）数字赋能，乡村治理能力明显提升

近年来，"互联网＋政务"模式快速向农村地区延伸，助推了乡村治理现代化。一是数字乡村建设使村民个体或组织参与到乡村公共事务的治理和发展，改变了普通村民较少参与乡村治理的固有形态，推进乡村治理多主体化。二是通过乡村公共事务网络信息公开，推进乡村治理内容线上化、透明化，实现了群众监督常态化。三是大数据、云计算等数字化新技术和新业态，提高村民对教育、就业、养老、医疗等公共服务的可及性，乡村治理方式正逐步向数字化转变。同时，通过运用数字化技术和网络互动，分析研判思想动态，乡村治理动力趋向前置化。调研显示，有70.2% 的乡村干部表示本村有上级政府或部门推行的数字化管理平台；74.0% 的乡村干部认为乡村数字化提高了村务管理的水平和效率；40.4% 的受访普通村民认为其村务参与度获得了提高，数字化推进让村民对村务的参与感更强。

解析：

本段介绍第四个做法成效，即数字乡村治理能力不断提升。具体包括数字建设推动乡村治理多主体参与、推进乡村治理内容线上化、推进乡村基本公共服务可及性。

二、五方面短板应关注，乡村数字化任重道远

数字乡村成为乡村振兴中的"高频词汇"，在各级政府积极推进的同时，也受到广大乡村干部群众的广泛关注。调查显示，有70.2%的受访者表示了解或非常了解数字乡村，仅2.6%的受访者表示没听说过数字乡村，有84.3%的受访者听说过本地出台的促进数字乡村发展的相关政策和措施。然而，受限于5G网络覆盖率偏低、村民数字信息素养不高、网上办习惯尚未形成等主客观因素影响，全面推进数字化仍任重道远。

解析：

本段为存在问题部分的总括段，标题直接指出存在五方面问题短板。本段着重强调了问题的成因，具体包括技术覆盖率偏低、村民数字素养参差不齐、网上办线上办宣传推广不够等。

（一）数字乡村标准体系亟待完善

数字乡村相关技术标准、规范是数字乡村建设的先导性和基础性工作，在数字乡村建设初期阶段尤为重要，数字乡村标准体系建设直接关系乡村振兴战略的整体实施效果。数字乡村作为新生事物，标准化问题既是数字乡村建设的重点，更是亟待解决的难点。尽管我国先后出台了一批国家和行业标准，但总体还局限于农业本身，是行业的局部标准，数字乡村标准体系整体建设与全面推进乡村振兴的要求相比还有较大差距。

解析：

本段指出第一个问题，即数字乡村标准体系不够完善。具体来看，主要是数字乡村局限在农业本身、缺乏系统性和全面性。稍显不足的是，本文主要是聚焦浙江数字乡村的情况，因此本段需要指出浙江数字乡村的标准体系的不足，而不是仅仅指出上位政策法规的不足。

（二）农村新型基础设施建设还需提速

农村新型基础设施建设是数字乡村建设的重要支撑。在满足乡村基本互联网覆盖的情况下，下一代互联网基础设施的发展存在不足，5G、工业互联网、人工智能、物联网、数据中心等在乡村的建设和应用推广有待加快。调研显示，在问及本村网络基础建设的完善程度时，有30.7%的受访者认为一般或不太完善；在问及在乡村数字化发展过程中最关心的内容时，回答是"乡村互联网建设和信息服务体系的完善"的占66.9%，居第一位。

解析：

本段指出第二个问题，即浙江农村数字基础设施建设有待提升。具体来看，主要是5G、工业互联网、人工智能等技术在乡村的建设推广不够。

（三）城乡数字鸿沟有待消弥

数字鸿沟是在数字化进程中，由于对信息、网络技术的拥有程度、应用程度以及创新能力的差别而造成的信息落差。由于乡村空间分布分散，人才流失严重，老龄化水平高，城乡数字鸿沟问题较为突出。调研中，当问及乡村数字化存在的主要问题时，66.7%的受访者认为相关知识、人才缺乏是数字乡村建设存在的主要问题，55.1%的受访者认为是基础设施不全等客观条件的限制。同时，调研还显示，乡村居民个人使用信息技术能力不足也是重要的数字鸿沟。当问及平时使用数字化平台情况时，普通村民频繁使用的只占17.5%，而半数以上的普通村民处于一般使用、偶尔使用和不使用状态，这固然与平台功能不完善等原因有关，但同个人使用信息技术能力不强有更直接关系。

解析：

本段指出第三个问题，即城乡数字建设发展不均衡。具体包括城乡之间在数字知识、数字专业人才、个人使用能力、数字化平台使用频率等方面，均存在不均衡的问题。

（四）数字应用环境需要改善

数据作为新型生产要素，只有在良好的应用环境下实现整合流动、开放共享、广泛应用，才能创造更大价值。虽然目前我国各大运营商和互联网平台纷纷推出面向农业农村的应用项目，大批企业进入数字乡村领域，乡村数据应用环境基本形成，但仍需改善提升。一是信息承载能力有待提高。应用平台多、使用手续复杂，平台资源有待融合提升；乡村网络的硬件设备有待优化；

5G 网络的覆盖面还不够广；乡村通信技术网络还要提速。二是 5G 网络在农业生产、加工和销售等众多环节上的应用有待开发。三是政府数字应用平台在乡村治理中的服务功能有待强化，乡村治理中不能把服务对象放在对立面，只重监督不讲服务。调研显示，受访者在乡村数字化发展过程中最关心的内容位列前四的是乡村互联网建设和信息服务体系的完善（66.9%）、种植、养殖业数字化（39.5%）、发展农村医疗远程服务（38.3%）和大力发展农村电子商务（33.1%）。

解析：

本段指出第四个问题，即数字应用的社会环境支持不够。具体包括农村数字信息承载能力不高、5G 网络在农村经济发展环节上的应用不够、政府农村数字治理能力不强、政府服务农村不够等。

（五）数字化的群众参与热情尚待进一步激发

"数字乡村建设"是实现乡村振兴的有效手段，需要群众的广泛参与。目前乡村数字化的群众性有待提高。一是数字乡村的群众知晓率不高。调研显示，有 29.9% 的受访者表示对数字乡村不了解，其中普通村民这一比例高达 37.7%。在知晓数字乡村的受访者中，有 16% 表示对本地出台的促进数字乡村发展的相关政策和措施"没有听说过"。二是政府数字化管理平台的使用率有待提高。调研显示，有 70.2% 的乡村干部表示本村有上级政府或部门推行的数字化管理平台，但政府数字化平台使用以乡村干部为主力军，普通村民经常或非常频繁使用数字化平台的比率仅为49%，仅有32%的乡村干部表示本村有半数以上的村民通过网络办理过申请审批等事务。三是农村居民的信息知识和技能普及程度不高、数字乡村宣传推广力度不够等因素也对群众参与热情造成一定影响。

解析：

本段指出第五个问题，即数字农村建设的群众参与度不够。具体包括群众对数字乡村了解不够、对政府数字化管理平台使用不多、宣传推广力度不够等。

三、强化数字赋能，推进数字乡村建设提档升级

数字化改革是浙江进一步深化城乡融合，消弥"数字鸿沟"，创新农村改革路径，扎实推进共同富裕，实现乡村全面振兴的加速器。围绕扩大内需、加快要素流动、畅通国内大循环的紧迫需求，推进数字乡村建设提档升级已迫在眉睫。

解析：

本段为对策建议部分的总括段，指出发展数字农村需要聚焦扩大内需、加快要素流动，贡献浙江力量。

（一）加强顶层设计，架构数字乡村的四梁八柱

高质量的乡村振兴有赖于数字技术的强力支撑。但数字技术

本身并不具备价值符号，在乡土环境下不能仅依靠技术升级做简单的"加法"，需要按照数字乡村的要求为其量身打造适配的制度框架，为其设立规则、锚定边界，规范、约束和引导数字技术向正确的方向发展、发力，有效发挥数字赋能的乘数效应，助推高质量乡村振兴。一是要在政府主导下，政府、企业、行业协会和互联网平台等多元主体共同参与，加快制定数字乡村标准体系，形成既符合数字化标准的普遍要求又能满足农村特殊诉求，科学有效、切实可行的数字乡村的总体框架、技术标准等。二是加快编制数字乡村中长期发展战略，强化省级层面数字乡村建设的顶层安排。三是全面开展数字乡村建设试点与创新示范，使"数字乡村"切实在乡村落地生根。

解析：

本段强调第一个对策建议，即加强顶层设计布局。具体包括政府引导制定浙江数字乡村标准体系、编制数字乡村中长期发展战略、开展数字乡村建设试点示范等。

（二）加强素质培育，着力解决人才瓶颈

我国数字鸿沟已经进入 2.0 时代，数字技术本身的地区差异已经很小，差异在于个人使用数字技术的能力。因此，数字乡村建设的重点是要采取措施提升乡村居民使用数字技术提高生产水平、生活质量和创造财富的能力。一是以云课堂、慕课等形式的网络课堂共享优质教育资源，最大限度突破时间与空间的限制，降低乡村教育的准入门槛，消解乡村教育的不均等问题。二是把互联网、数字化知识技能纳入农民教育培训体系，加强农民信息素养培训，全面提升数字乡村"软件"保障。三是实施"互联网＋小农户"计划，强化农户现代经营理念和信息化技术等知识更新和培训力度，用数字化推进"小农户"与现代农业有机衔接。

解析：

本段提出第二个对策建议，即加强数字人才培育培养。具体包括拓宽网络课堂共享优质教育资源、加强农民的信息化数字化知识技能教育培训、精准服务"小农户"信息化技术学习需求等。

（三）强化数字技术应用，催化乡村产业数字化

乡村产业振兴是推进乡村全面振兴的关键。在数字化时代要因势利导，以数字技术的全面渗透为乡村生产方式整体性变革注入活力，从而推动乡村产业网络化、数字化、智能化。一是以数字技术为核心驱动，通过数字技术与乡村实体经济深度融合，实现乡村一二三产业融合发展。二是以数字技术应用为抓手，改造传统农业，促使传统农业向以机械化、数字化、智能化融合的现代农业转型升级。三是搭建"村企合作"新平台，有效推进"互联网＋"现代农业，通过延长产业链、提升供应链、改善价值链，重塑乡村产业格局。特别是要通过数字技术发挥溢出效应，促进乡村服务业发展。

解析：

本段提出第三个对策建议，即推动乡村产业网络化、数字化、智能化。具体包括通过数字技术推动乡村产业融合、通过数字应用推动传统农业向现代农业转型升级、通过搭建村企合作新平台延伸产业链、供应链、价值链。

（四）改善应用环境，提高民众参与热情

乡村数字化是要以数字信息技术广泛应用，从而实现乡村生产的数字化、乡村治理的数字化和乡村生活的数字化。因此，最终必然需要乡村居民的广泛参与和使用。要改变和提高农民的信息意识、网络意识和数字化观念，面向农村不同受众，加强多元化、创新性、亲密性信息技能培训；要在汇聚服务资源、丰富服务内涵、保障服务质量等方面持续发力，持续提升便民服务水平；要通过一站式、一体化等形式，降低使用技术门槛，营造数字应用环境，使数字技术应用便民化、亲民化；要通过广泛宣传和示范等方式让普通民众广泛理解和接受，提高民众参与热情。（课题负责人：郭慧敏。课题组成员：章剑卫、胡永芳、李冠宇、胡娉婷、各市统计局农业农村处。课题执笔人：胡永芳、胡娉婷。本文载于《统计科学与实践》2022年第2期。）

解析：

本段提出第四个对策建议，即提高乡村居民参与数字乡村建设热情。具体包括提高农民的数字化观念、汇聚数字服务资源、降低数字技术使用门槛、创新宣传推广方式等。

⊃ 总体评价

本篇调研报告全文5 000字左右，篇幅简短，内容精致。全文主要介绍了浙江数字乡村的建设情况，对存在的问题着墨不少。文章按照"建设情况—存在的问题—对策建议"进行谋篇布局，论述比较清晰。从段落布局来看，每段采取的基本是总分结构，标题句段首句一般是总括性的提示，再进行扩展式论述。作者在论述观点时经常使用调研结果，尤其是使用受访者的评价，有理有据。本文存在的不足是对问题的原因分析较少。总的来看，本篇调研报告内容简要，论述严谨，是一篇比较好的文章。

此外，还有一类报告属于研究探讨类调研报告，主要针对课题进行调研，描述事物现状，进行原因分析，对调研成果进行理论总结和研究探讨。这类报告偏重学术科研，在日常公文写作中比较少，这里不再介绍。

小结

1. 揭露问题类调研报告可以分为揭露普遍性问题调研报告和揭露个别性问题调研报告两类。

2. 揭露问题类调研报告的写作要求包括选好特定问题、注意分析研判、把握问题尺度。

第八章　调研成果的评价与转化

调研成果的评价和转化是开展实地调研、撰写调研报告之后的收尾环节。调研报告能否得到重视和推广，主要靠成果评价和运用转化。做好调研成果的评价与转化工作是从实践到认识再到实践的过程。文稿研究的重要工作就包括开展调研、起草讲话和制定文件，其中后两者就是调研成果的重要转化形式。

第一节　分高下：调研成果的评价

第 26 周工作例会　刘老师小课堂

刘老师：今天我们主要讨论如何对调研成果进行评价。调研成果的评价主要是对调研报告的质量、价值进行评估鉴定。我们先看看有哪些评价标准可以采用。大布先说一说。

大布：好的。第一个评价标准应该是实践价值，即调研成果对社会实际的效用和影响。第二个评价标准是学理价值，即调研成果对理论的修正和完善是否具有重要意义。

刘老师：很好。小新也说说。

小新：我觉得还需要有历史价值，要考察调研成果对当时及后续工作的影响。

刘老师：两位说的都很好。下面我们讨论一下调研成果的评价方式，你们认为有哪些呢？

大布：一种是比较正式的评价，就是由专门的评价机构或专家学者根据一定的标准进行评定。这样的评价更具公信力和权威性。

小新：还有一种是非正式评价，可以由调研者、部门领导甚至公众进行评价，其结果虽然不那么正式、权威，但也具有一定的参考价值。

刘老师：非常好。现在我们简要了解一下调研成果的评价方法。调研成果的评价方法可以分为直观评价法和综合评价法两类。直观评价法主要依赖于评价者的经验，对调研成果进行初步的评价；而综合评价法是基于多种信息和数据，通过分析、综合等方法进行评价。总的来看，前者更简单快速，后者更专业全面。

调研成果的评价，主要指的是对调研报告的质量、价值进行评估鉴定。调研成果评价一般是在调研报告完成之后进行，有时也可以在调研报告的实践反馈之后再进行评价。调研成果的评价是确定调研工作质量的重要步骤，是指导调研人员做好工作的重要抓手。

一、评价标准

评价标准是评价调研成果优劣的基准和依据。不同类型的调研报告所侧重的标准不尽相同，有的偏重实践性，有的偏重学术性，我们在实践中要具体问题具体分析。

（一）实践价值

实践价值是调研成果的首要评断标准。党政机关经常使用的调研报告，主要考量其在具体工作和社会实际应用中的价值和作用。根据推动科学决策和解决实际问题的领域和范围，实践价值标准可以包含以下要素。

一是经济价值，即检验调研结果能否推动解决产业升级、企业经营管理、市场要素流通等一系列经济问题。

二是社会价值，即检验调研结果能否推动解决就业、医疗、托育、养老、住房等人民群众关心的急难愁盼。

三是精神价值，即检验调研结果能否推动道德观念、社会风气、文化活动等精神产品发生改变。

➲ 案例

东郊市税务局进行了一项关于税收政策改革的调研，结果显示新的税收政策对小微企业有积极意义。调研报告建议适度调整税率，为小微企业提供税收减免政策，出台惠企举措，解决民营企业经营问题。这就属于采用经济价值标准来评判调研成果。

（二）学理价值

学理价值是指调研成果具有一定的学术价值，对相关领域的知识更新具有重要的推动作用。当前，党政机关和国有企事业单位的工作人员呈现出专业化、高学历的特点，人民群众的知识水平也得到了大幅提高，自然要求调研成果具有一定的说理性、逻辑性。

调研成果的学理性不同于学术论文，更多的是在实地调研的基础上，系统性地提出新思想、新观点，这也是评价调研成果水平的重要标准。

（三）历史价值

历史价值是指调研成果符合当时社会历史条件的要求，能够及时应对当时的社会问题，并提出相应的对策建议。

任何调研成果都是社会历史的产物，离不开具体的时代背景、社会条件、群体心理、个体素养的影响。评价调研成果需要考虑其在当时的社会条件下的背景和意义，不能超越时代去苛求调研者，也不能要求调研者预判当时不存在的社会事物。只要符合当时的社会背景，符合当时的群众意愿，调研成果就具有一定的社会价值，也可以为后世提供重要的文献资料。

二、评价方式

调研成果的评价方式可以分为正式评价和非正式评价。

（一）正式评价

正式评价是指由领导部门、领导小组、学术组织、第三方组织等权威部门对调研成果进行评估鉴定。

正式评价一般用在重大、综合性调研等正式活动中，往往通过由部门领导和专家学者组成评估小组，对调研成果的具体要素进行评估，通过定性研究和定量研究相结合的方式得出结论。正式评价具有权威性、客观性、全面性等特点。

⊃ 案例

在东郊市关于环境污染对农产品安全质量的影响的调研活动中，由农业农村局和农业大学等单位组成的调研组，经过实地调研走访、撰写调研报告、征求专家建议等流程后，提出了针对性的建议，形成调研成果，并将调研成果通过组织程序报送给市政府。针对这种情况，如果该问题社会关注度大、群众反响强烈，市政府可以通过召开座谈会、组织专家论证等方式，对调研成果的具体数据进行甄别，对具体建议进行可行性评估，从而推动科学决策。

（二）非正式评价

非正式评价是指由非官方或者非学术机构的主体对调研成果进行评价鉴定。

非正式评价往往由调研者个体、社会媒体、部分群众或非权威机构进行，一般适用于小型的自主调研。由于评价主体的特定性，非正式评价往往具有随机性、灵活性、局部性的特点。非正式评价可能缺乏严格、科学的定性研究或定量研究，观点具有一定的倾向性和个体性。

➲ 案例

一项关于东郊市民对城市公园设施满意度的调研报告在社交媒体上发布后，引发了广大市民的热烈讨论。有的人在评论区留言，表达了对调研结果的认同，有的人提出了质疑和不满，还有的人提出了自己的想法和建议，这些都属于非正式评价。

三、评价方法

根据评价要素的多少，调研成果的评价方法可以分为直观评价法和综合评价法。

（一）直观评价法

直观评价法是指领导、专家或集体通过直接对调研成果的观察和感知，进行评估鉴定的方法。

直观评价法可以通过召开会议、征求意见、函询等方式，由部门领导、专家学者、读者个人、单位集体提出评判鉴定。采取直观评价法需要注意以下三点。

第一，评价人员要有经验。参与评价论证的人员需要熟悉调研主题相关的领域、专业，了解调研对象的基本情况。

第二，评价可以采取多种形式进行。直观评价主要是凭借领导、专家的个人经验进行评断，因此可以通过会议座谈、函询、征求意见等方式收集意见建议，从而修正调研成果。

第三，调研人员往往参与其中。直观评价法相对简单便捷，调研人员可以通过当面沟通、内部讨论、参与评价等方式，更好地了解调研成果的质量和等次。

⊃ 案例

在一项关于东郊市垃圾分类的调研中，调研人员根据自己对城市垃圾分类实际情况的观察，以及对垃圾分类政策的理解，直观地评价了调研结果的质量和等次。

（二）综合评价法

综合评价法是指通过科学的量化分析，邀请专门人员对调研成果的实践价值、学理价值、历史价值等进行全面评价的方法。

与直观评价法相比，综合评价法更加全面、科学。采用综合评价法需要把握好以下三点。

第一，评价人员要具备一定的专业素养。综合评价的评价者往往具有一定的相关部门的工作经验或学术水平，对调研工作和调研课题比较了解，有的甚至开展过相关的专业研究。

第二，综合多种要素进行评价。综合评价往往需要关注调研成果的多种指标，具体包括转化为科学决策的水平、指导具体工作的程度、成果的报刊发表情况、成果的理论建树、成果产生的经济社会效益等。

第三，做好量化设计。调研成果的评价需要对不同要素进行权重设计。调研成果可以分为实践类和理论类两种类型，不同类型的调研成果，其评价的侧重点也不同，评价人员要对评价指标进行等级细化。例如，转化为科学决策的水平，可以细分为中央采用、省部级采用、地市级采用、区县级采用等；转化为理论成果的水平，可以按照，专业期刊的发表等级进行细分，如 C 刊发表、中文核心期刊发表、中央报纸发表、省级期刊发表、其他期刊发表等；转化为指导工作的水平，可以细分为成为文件制定依据、作为领导讲话参考、作为理论内刊成果等。

小结

1. 调研成果的评价标准包括实践价值、学理价值和历史价值。

2. 调研成果的评价方式包括正式评价和非正式评价。

3. 调研成果的评价方法包括直观评价法和综合评价法。

第二节　当参谋：科学决策的转化

第 27 周工作例会　刘老师小课堂

刘老师：今天我们说说调研成果的转化。调研成果可以向上转化为科学决策或向下进行业务指导。我们先说说调研成果转化为科学决策的原则。首要原则是政治性，即调研成果必须坚守政治原则，符合经济社会发展形势，适应当前的中心工作。你们说说还有其他哪些原则？

大布：调研成果的转化还要遵守普遍性原则。调研成果要具有代表性和适应性，能够应用于某个地区、某个部门、某些领域。

小新：调研成果的转化还要具备可行性。调研成果不能是空中楼阁，要有可操作性，能够在现实中得以实施。

刘老师：很好。接下来，我们讨论一下调研成果转化为决策的形式。制定政策文件很多时候需要进行前期调研，了解某些领域的工作开展情况和存在的问题，从而对症下药，完善政策法规。你们说说其他的形式有哪些？

大布：调研成果也可以应用到领导的讲稿中，调研材料可以作为讲稿的素材。

小新：调研成果还可以在内部刊物资料上刊发，促进情况交流和经验分享。

刘老师：好。在实际的决策转化过程中，我们还需要掌握一些转化技巧。例如，做好成果准备，尽量把调研成果整理得规范化、条理化，方便领导审阅。你们说说还有哪些转化技巧？

大布：要选好汇报对象。向分管领导、主要领导汇报有利于成果推出，取得效果。

小新：还要把握好时机，了解政策变动情况和单位近期关注的重点工作，及时响应工作部署，推动调研成果转化。

刘老师：说得非常好。今天就到这里吧。

大布、小新：谢谢老师。

调研工作的一个重要目的就是为领导进行科学决策提供参考，推动工作有序开展。调研成果转化为科学决策，是调研成果运用的重要方面。

一、基本原则

将调研成果转化为科学的决策部署需要把握以下三点原则。

（一）政治性原则

政治性原则是指调研成果转化为科学决策时要突出政治导向，胸怀"国之大者"，政策制定、领导文稿撰写等工作要认真贯彻国家的大政方针，坚持以人民为中心，举措办法符合社会发展需求和人民群众意愿。

⊃ 案例

在对东郊市城中村改造工作的调研中，调研人员发现农村教育资源不足是一个严重的问题，因此提出了跨区派位、完善学前教育等对策。在形成调研成果后，调研人员及时向领导请示，做好报告报送、意见征集等工作，并经领导批准后，将调研报告进行公开发表。这就属于遵循了政治性原则。

（二）普遍性原则

普遍性原则是指调研成果转化为科学决策时需要考虑较广的地区、系统、部门的实际情况，形成具有一定指导性的政策文件，同时，避免偏颇的、片面的研究成果，忽略那些只适用于个别部门、个别主体利益的调研结果，从而推动决策的公平性和公正性。

⊃ 案例

2023 年 7 月 25 日，国家发展和改革委员会官网信息显示，"按照国家发展改革委与民营企业沟通交流机制安排，近期国家发展改革委负责同志通过召开民营企业座谈会或赴民营企业实地考察等方式，广泛听取民营企业家的真实想法，认真研究企业提出的困难问题和意见建议"。这就属于遵循了普遍性原则。

（三）可行性原则

可行性原则是指调研成果转化为科学决策时要注意结合地方、部门的实际情况，聚焦新情况、新问题，采取集体研究、试点先行等多种方式，形成重要经验，最终出台相关政策文件。

可行性原则要求调研成果具有一定的适用性和可操作性。在根据调研成果制定政策、科学决策时，我们需要考虑具体的经济、技术、人力、时间等多方面因素。

➲ 案例

东郊市开展关于社区养老服务的调研活动，调研人员发现很多社区缺乏养老服务设施和专业人员，因此提出共享养老资源、加强志愿者培训、医疗机构设置基层服务平台等对策，并提交有关部门。有关部门在形成政策文件前，需要对对策的可行性进行论证，考虑辖区现有的财力、老龄人口发展趋势等因素，从而进行逐步落实。这就属于遵循了可行性原则。

二、转化形式

将调研成果转化为科学决策，我们需要考虑调研的主题、范围，并结合中心工作和部门职责，拓宽转化形式。转化形式具体包括以下三种。

（一）制定政策文件

政策文件是指具有一定法律效力的文件的总称，包括条例、办法、决定、决议、意见等。并非所有调研成果都能转化为政策文件，只有那些符合上位法、涉及范围广、具有可行性的调研成果才能转化为政策文件。

调研成果转化为政策文件需要履行法定程序，即要经过领导研究、集体讨论、文稿修改，形成某个部门或某个领域的政策文件，并进行下发传达，这是调研成果取得持久效果的重要形式。

（二）形成讲话文稿

讲话文稿是指单位或部门领导在重要会议、重要场合上为了贯彻政策、部署工作、总结工作、提出意见所作出的讲话的文字稿件。讲话文稿是体现单位和领导意志的重要载体，是向公众或相关人员传达政策信息的重要工具。

我们可以将调研报告、政策文件、领导讲话理解为调研活动的"三件套"，三者之间是一个从实践到理论再到实践的过程，也是一个理论联系实际的过程。很多单位领导尤其是主要领导的讲话文稿由政策研究室、办公室或调研室等部门起草，也有一部分讲话文稿由领导自己撰写。

政策文件不同于讲话文稿。政策文件一般要求文字精练，内容严肃，举措合理，程序合法；讲话文稿的形式则更加灵活，可以摆事实、讲道理，阐释好的和坏的两方面的经验教训，也可以即兴发言。

（三）刊发内部刊物

内部刊物是指用于组织内部信息传递、工作交流、决策参考的非公开发行的出版物。内部刊物包括参考清样、研究报告、调研报告、理论思想动态等，有的属于涉密材料。很多中央部委或一些省级研究机构、党校部门都设置有内部期刊，为领导科学决策提供参考。

内部刊物可以经过专门渠道报送给上级领导，提供经济社会发展状况、社会思想动态、部门工作情况、突出矛盾问题等信息，这些信息，一旦引起领导的重视，经过批示或批转，就可以形成重要的决策依据，从而推动有关地区、部门开展工作。

将调研成果转化为科学决策也可以采取当面向领导进行陈述汇报的形式，从而获取领导的支持，推动问题的解决。

三、转化技巧

将调研成果转化为上级机关或有关部门的科学决策需要注意方式、方法，从而提高工作效率，获得良好效果。具体转化技巧包括以下三个。

（一）做好准备

决策不是暂时的一次性的过程，我们需要根据实际情况，及时对调研成果进行调整优化。

首先，做好资料准备。调研中发现的重点和热点问题、部门工作中的困惑和疑虑、人民群众的热切需求，需要及时收集整理。我们要围绕中心工作，结合部门实际情况，做好调研成果的梳理完善和分类存档。

其次，随时做好呈报。在调研工作中，我们要把握好工作节奏，让领导及时了解调研动态、对象情况和新的进展。在一些周期较长的大型调研项目中，有的问题比较突出、情况比较紧迫，并且时效性很强，这类问题不必等到最后阶段再汇报，可以分阶段随时做好汇报工作。

最后，及时反馈情况。领导关于调研成果的批示、指示、意见和建议要认真贯彻落实，并通过集体研究、会议讨论、下发通知等方式及时跟进，从而推动调研成果的运用和转化。

（二）选好对象

调研成果能够顺利转化为科学决策，离不开调研成果的优秀质量，同时，我们也要高度重视单位领导和有关人员的意见和建议。

首先，重视调研组领导的意见。调研组的领导负责统筹调研工作，一般拥有丰富的工作经验，对部门职责、调研主题、基层情况有着很全面的理解，在调研工作中承担着分解任务、人员分工、统筹进度的重要任务。在调研成果初步形成后，全体调研成员需要集体协商，充分尊重调研组领导的意见，及时进行调整和改进，从而确保调研成果的科学性。

其次，重视单位和部门领导的意见。单位和部门领导熟知所在单位或部门的实际情况，对规章制度、业务流程、工作难点等有深入的理解，对调研活动在全局工作中的地位有着清晰的认识，可以从宏观角度把握方向。调研成果能否有效实施，很大程度上取决于单位或部门领导的最终意见。因此，我们需要充分领会、吸收单位和部门领导的意见，尤其是在贯彻上级精神、聚焦中心工作、协调部门利益、推动问题解决等方面的意见和建议。

最后，重视其他相关主体的意见。在调研成果的运用中，除了需要充分尊重调研组领导和单位部门领导的意见外，我们还需要考虑调研对象、专家学者、基层群众等相关主体的意见和建议，他们的意见和反馈是评估调研成果能否成功转化为科学决策的重要依据。调研成果只有真正落地，才能切实解决基层部门的困难、障碍和基层群众的急难愁盼。

（三）把握时机

调研成果能够转化为科学决策，同样离不开合适的时间节点和具体环境，我们需要充分考虑决策的可接受程度和社会的认可程度。

首先，注意政策变动。当调研选题符合上级政策，符合单位最近关心的重点问题时，调研成果受到的关注度就会高，转化为决策的可能性就越大。如果调研的是无关紧要的与单位主业主责无关的主题，则很难引起良好的反馈。

其次，注意组织调整。当面临着组织机构调整或者重大人事变动的时候，很多部门或者领导可能有了解单位风险隐患或者基层具体情况的需要，这时如果能够及时将调研成果进行报送反馈，往往能推动科学决策。

最后，注意主客观条件。天时不如地利，地利不如人和。很多时候，调研成果在经过科学论证后能够得到部门的支持和群众的认可，却往往还欠一点火候。这时，我们还需要考虑单位的主要领导是否支持，单位的人、财、物统筹能力是否强大，单位之间的协作关系是否融洽等问题。

小结

1.调研成果向科学决策转化的基本原则包括政治性原则、普遍性原则和可行性原则。

2.调研成果向科学决策转化的具体形式包括制定政策文件、形成讲话文稿和刊发内部刊物。

3.调研成果向科学决策转化的技巧包括做好准备、选好对象和把握时机。

第三节　出点子：指导工作的转化

第 28 周工作例会　刘老师小课堂

刘老师：今天我们聊聊调研成果如何推动指导工作。和向上推动科学决策一样，向下指导基层工作也是调研成果转化的重要途径。我们首先要明确指导工作的基本原则。第一个原则是科学性，即调研成果应当有数据支撑，具有客观真实的特点。你们说说还有哪些原则？

大布：调研成果用于指导工作要具有公开性。我们出台的指导意见，提出的对策建议，工作中的指示指导，对基层而言都具有很大的权威性，我们需要注重过程和结果的公正公开。

小新：还有规范性。不论是内部情况报送，还是对外信息沟通，都要遵守工作规范，按照工作程序来。

刘老师：说得都很好。下面我们讨论一下指导工作的形式。首先是进行业务指导，如将我们的调研成果转化为基层单位的配套办法、措施。你们说说还有别的形式吗？

大布：还可以通过宣传经验、指导案例等方式进行指导，这样更加灵活、宽松，不给基层添负担。

小新：还可以进行信息收集反馈，通过双向互动，及时提供帮助。

刘老师：很好。最后，我们再说说将调研成果用于指导工作的技巧。第一个是要注意职责分工，要遵守单位内部的规章制度和办事流程，要尊重基层单位和基层同志，注意岗位职位。你们说说还有哪些技巧？

大布：要注意调研成果的类型和适用范围，将其应用到适当的领域。

小新：要注重形成效果，对基层工作进行指导监督，了解工作开展的情况，对好的做法进行汇总研究，形成动态机制。

刘老师：很好。今天我们了解了调研成果转化运用的具体情况，我们的调研小课堂也将告一段落。感谢两位的大力支持，很多思路和想法对我也很有启发。谢谢大布，谢谢小新。

调研成果的转化运用并不局限于服务领导决策，还可以用于指导基层工作。推动科学决策是调研成果的向上转化，指导基层工作是调研成果的向下转化。

一、基本原则

推动调研成果转化为指导基层工作的参考需要把握好以下三个原则。

（一）科学性原则

科学性原则是指调研成果能够指导基层工作，必须要求结论科学可行，经得起实践检验，并具备实施条件。

调研成果要转化为指导基层工作的举措，需要结合基层实际，围绕基层部门和基层群众的所急、所盼、所想，提出符合客观规律、具备实现条件的意见建议。

⮂ 案例

2023 年 4 月 3 日，习近平总书记在学习贯彻习近平新时代中国特色社会主义思想主题教育工作会议上强调，"注重调研成果转化运用，在调查的基础上深化研究，提高调研成果质量，切实把调研成果转化为解决问题、改进工作的实际举措，防止调查多研究少、情况多分析少，提出的对策建议大而化之、空洞抽象、不解决实际问题"。

（二）公开性原则

公开性原则是指除非特别要求，调研成果指导基层工作需要征求基层意见，做好方案研讨，进行信息公开，提供方向指引，从而保证调研成果的普惠性。

公开性原则是一个相对概念，并不是要求所有程序、所有信息都公开，其主要针对的是涉及公共利益的对策和建议，此类对策和建议需要做好信息公开，以便于人们理解和支持。

⮂ 案例

近年来，卫健委、计划生育协会、人口学会、高等院校、科研机构等很多部门和机构参与了针对生育意愿状况的调研，调研涉及的对象包括普通群众、医疗人员、专家学者等，很多部门和机构公开出版了调研报告和科研论文。有的研究表明，育龄期女性生育意愿依然走低，分析其原因对科学地制定和完善生育政策及其配套措施，应对低生育率，具有重要作用。

（三）规范性原则

规范性原则是指使用调研成果指导工作需要健全沟通协调机制，尊重基层意愿，完善跟踪问效机制。

坚持规范性原则，不能以长官意志、部门命令向基层提出强制性要求，要尊重基层单位的实际情况和基层群众的自主意愿，提出合理建议，畅通沟通渠道，做好业务指导，完善考核评价。

⊃ 案例

2023 年 7 月以来，中央和国家机关陆续开展主题教育调研成果交流活动。以司法部为例，自学习贯彻习近平新时代中国特色社会主义思想主题教育开展以来，司法部党组贯彻落实党中央大兴调查研究部署要求，学习践行"浦江经验"，认真制定调研方案，科学确定重点课题，完善闭环工作机制，部党组成员领题深入 11 个省份司法行政基层一线扎实开展 17 次调研，积极破题解题，取得阶段性成效。

二、转化形式

将调研成果转化为指导基层的实践需要结合基层实际情况，对策要科学可行，才能获得群众支持。指导基层工作可以有以下三种形式。

（一）指导基层业务

这里所说的基层业务是一个相对概念，一般是指县处级以下单位开展的业务。县处级及以下机关、企事业单位，都可以视作基层单位，有时还可以扩大到地市级。调研成果可以转化为指导基层业务的具体建议或实施方案，如优化业务流程的建议、提升服务质量的方法、让群众满意的服务等。调研成果指导基层业务要注意以下两个方面。

第一，了解基层情况。进行基层业务指导时，我们需要熟悉基层单位的工作现状、存在的不足和工作中的主要障碍，包括基层的工作环境、主业主责、人员结构等，可以通过座谈交流、函询了解、干部交流、文件下发、政策宣讲等多种方式，推动业务指导工作。

第二，把握好尺度节奏。进行基层业务指导时，我们要了解基层单位目前的主要工作和突出任务，不要扰乱对方的工作节奏、加重基层的工作负担。针对基层单位的实际困难，我们可以提供必要的配套支持，包括完善政策、提供培训、资源协调等，从而推动基层切实开展工作。

（二）宣传推广经验

对调研成果进行宣传推广可以更好地获得基层认可，形成良好的社会效果。宣传推广经验要注意以下两点。

第一，完善宣传内容。做好对调研中先进做法、典型经验、优秀事迹的宣传力度，引导基层学习先进，取长补短，形成良好的工作氛围。

第二，拓宽宣传渠道。通过线上线下相结合的方式下发重要通知，组织研讨会议，制作培训课程，加强情况交流，推动媒体传播，让更多基层干部和群众了解情况，得到启示。

（三）收集反馈信息

将调研成果应用到基层工作中还需要用好收集反馈机制。

第一，广泛进行收集。在调研成果初步形成时，我们要向调研对象、有关部门、基层群众等主体收集了解意见，修改完善意见，形成科学可行的调研成果。

第二，聚焦重点内容。通过调查问卷、当面交流、座谈研讨等方式进行信息的收集反馈。收集反馈的信息主要聚焦各方面对调研成果的总体评价、调研成果运用到工作中的效果、调研成果对实际工作的正面或负面影响等。

第三，用好反馈信息。我们需要对收集到的反馈信息进行分析，查找问题，改进完善。调研成果应用到基层工作中，往往通过政策文件、宣传稿件、会议传达等形式来实现，可能会出现脱离实际、"水土不服"的情况。这就需要我们对对策做法进行细化，对不宜实行的办法建议进行完善，及时研判解决新出现的问题。

此外，调研成果也可以进行公开发表。通过撰写学术论文、发表调研报告、出版专业书籍等方式，推动调研成果的展示。

三、转化方法

将调研成果运用到基层工作中需要注意方式方法，以推动工作有力开展。

（一）注意职责分工

运用调研成果指导工作时，我们需要注意选择合适的场合，结合基层职能定位，确保成果可以得到重视和应用。具体注意事项如下。

第一，分清职责。不同的基层部门按照"条块管理"的方式进行业务指导。上级党委和政府对下级党委和政府有领导职能，上级职能部门对系统内下级职能部门具有业务指导关系，二者不应混淆。例如，市政府出台的政策文件对所辖区县都有约束功能，市财政税务部门下发的通知办法对本系统内的区县基层部门具有较大的指导作用。据此，调研成果虽然可以指导基层工作，但也要分清职责，分清场合。例如，司法系统关于提高办案质量的调研报告就不适合用于指导基层财政、发改部门开展营商环境工作。

第二，内外有别。调研成果在调研单位内部使用和对外公开指导是有区别的。内部使用时，由于调研人员对调研内容比较熟悉，前期资料保存较好，重要政策有法可依，因此，调研成果可以使用得更全面、更充分，包括用于制定文件、撰写讲话稿、资料存档等。而调研成果在用于对外指导时，我们需要考虑下级单位的工作职责和受众需求，考虑基层群众和有关社会主体的意见看法，使用起来需要更谨慎、更规范。

第三，公私分明。在指导工作时，如果调研成果是通过部门协商、会议研讨、文件下发等方式为人知晓的，就要加大宣传贯彻力度，确保工作好上加好。如果调研成果是以领导私下沟通、部门交换资料等方式开展使用的，我们则需要把握好涉密情况、文件等级、传达范围等要求，不宜公开的不要公开，不宜发表的不要发表。

（二）注意类型范围

运用调研成果指导工作需要注意使用范围，以确保稳妥恰当地产生效果。具体注意事项如下。

第一，分清类型。调研成果有很多种类型，有的偏重情况介绍，有的偏重典型宣传，有的偏重揭露问题。不同调研成果的作用也各不相同，我们需要分别对待。实践中，科学做法、主要成绩和先进事迹一般采用正面报告、公开宣传；部门问题和存在的不足需要结合实际找出原因，及时进行指导教育，减少负面影响。

第二，协调沟通。对基层部门进行业务指导，尤其需要做好沟通协调工作。我们要做好调研成果的阐释工作，同时做好业务对接、资料传送、政策宣传等工作，及时了解基层部门的实际困难，并提出合理建议，帮助其解决问题。

第三，考虑影响。对基层进行业务指导需要考虑调研成果在转化过程中可能产生的影响，包括对基层部门工作进度的影响、对相关组织人事的影响、对基层部门社会评价的影响等，尽可能做到扬长避短，趋利避害。

（三）注意形成效果

运用调研成果指导工作还需要注意形成效果，具体注意事项如下。

第一，做好评估。想要调研成果对基层工作产生良好效果，我们需要进行科学评估。评估过程中，我们需要了解调研成果在基层的适用范围、物质支撑及社会可承受程度，从而积累经验和材料。

第二，成果反馈。调研部门需要及时向基层工作人员了解调研成果的运用情况，通过听取报告、会议研讨、情况交流、人员对接等形式收集反馈意见，以便进一步改进原有的对策、建议、办法。

第三，形成机制。具体包括设立专门的调研机构，加强定期沟通协调机制，做好成果运用的监督评估等。形成长效机制需要得到单位的支持，以及必要的人力、物力、财力的帮助。

小结

1. 调研成果转化为指导工作的基本原则包括科学性原则、公开性原则和规范性原则。

2. 调研成果转化为指导工作的重要形式包括指导基层业务、宣传推广经验和收集反馈信息。

3. 调研成果转化为指导工作的技巧包括注意职责分工、注意类型范围和注意形成效果。

后 记

在本书的编写过程中，我深感，无论我们身处哪个角色，无论我们处于哪个阶段，调查研究都是我们无法绕过去的重要一环。调研的形式不是固定统一的，只要是有利于研判信息、科学决策、解决问题的调查研究，就是高质量的调查研究。希望本书能够为读者朋友们提供一些新思路、新想法，助力大家在工作、学习和生活上的进步。

感谢卓泽渊、牛献忠、柴哲彬三位领导同志和学界前辈的热情推荐！我深感见识浅陋，今后还需继续研学努力。

感谢出版社以及编辑的认真付出。你们对编写动态的把握、对书稿内容的核对，让本书更加完善，为我的写作提供了很大的便利，在此表达深深的敬意！

由于时间仓促，以及主客观条件的限制，更主要的是自己水平有限，本书一定有不少的错漏不足，恳请读者朋友们批评指正，提出宝贵意见建议。

最后，再次感谢读者朋友们选择阅读本书，你们的阅读与反馈，是我前进的不竭动力。

参考文献

[1] 蔡礼强，张力进. 领导干部调查研究能力建设 [M]. 北京：国家行政学院出版社，2023.

[2] 崔禄春. 党员干部要提升调查研究能力 [M]. 北京：人民日报出版社，2021.

[3] 风晓天. 社会研究方法（第5版）[M]. 北京：中国人民大学出版社，2018.

[4] 刘佳节. 调查研究 [M]. 北京：中国人事出版社，2020.

[5] 廉思. 如何有效开展调查研究 [M]. 北京：人民日报出版社，2019.

[6] 任仲然. 怎样调研 [M]. 北京：党建读物出版社，2019.

[7] 于立志，刘崇顺. 新时代领导干部调查研究指南 [M]. 北京：天津人民出版社，2019.

[8] 范从燕. 轮岗交流背景下跨区域协作对教师专业发展的影响与思考——基于对江苏省A县小学英语教师的开放式问卷调查 [J]. 黑龙江教师发展学院学报，2021，40（9）：30-33.

[9] 费孝通. 小城镇 大问题 [J]. 江海学刊，1984（1）6-26.

[10] 郭路，邵萍. 短视频平台从业人员思想引导研究——基于山东省部分网络人士的调研报告 [J]. 中央社会主义学院学报，2023（3）161-170.

[11] 胡小武，韩天泽. 青年"断亲"：何以发生？何去何从？[J]. 中国

青年研究，2022（5）38-43.

[12] 林浩. 恢复独立建制与深化机制改革的期盼——对浙江昆剧团、浙江小百花越剧团的调研报告 [J]. 中国戏剧，2023（5）33-37.

[13] 蒙小军，蒋强，卢根旺. 关于巴蜀文化旅游走廊建设情况专题调研报告 [J]. 民主法制建设，2023（2）32-35.

[14] 宁海林，满庆丽. 2021年中国政务短视频发展调研报告 [J]. 新闻论坛，2022（6）59-61.

[15] 彭清华. 激活四川乡村治理"一池春水"[J]. 学习与研究，2020（11）.

[16] 刘园园，崔爽. 为有创新活水来——长三角地区高质量发展研究报告 [N]. 科技日报，2023年6月13日.